冲到最后一刻

caffé bene
领军韩国咖啡市场的秘密

[韩]金善权 ○著 史 倩 ○译

北京大学出版社
PEKING UNIVERSITY PRESS

著作权合同登记号 图字：01-2014-5528

图书在版编目（CIP）数据

冲到最后一刻：caffé bene领军韩国咖啡市场的秘密/（韩）金善权著；史倩译. —北京：北京大学出版社，2014.11

ISBN 978-7-301-24820-1

Ⅰ.①冲… Ⅱ.①金… ②史… Ⅲ.①咖啡馆－连锁店－商业经营－经验－韩国 Ⅳ.①F719.3

中国版本图书馆CIP数据核字（2014）第216936号

꿈에 진실하라 간절하라
Copyright©2013 by Kim Sun kwon
All rights reserved.
Chinese(simplified) translation rights arranged with Book21 Publishing Group. through M.J. Agency
Chinese(simplified) edition rights©2014 by BEIJING RZBOOK CO.,LTD.
本书中文简体版由北京大学出版社出版。

书　　　　名：	冲到最后一刻——caffé bene领军韩国咖啡市场的秘密
著作责任者：	[韩]金善权 著　史倩 译
责 任 编 辑：	宋智广　王业云
标 准 书 号：	ISBN 978-7-301-24820-1/F·4050
出 版 发 行：	北京大学出版社
地　　　　址：	北京市海淀区成府路205号　100871
网　　　　址：	http://www.pup.cn　新浪官方微博：@北京大学出版社
电 子 信 箱：	rz82632355@163.com
电　　　　话：	邮购部62752015　发行部62750672
	编辑部82632355　出版部62754962
印　　刷　　者：	北京天宇万达印刷有限公司
经　　销　　者：	新华书店
	787毫米×1092毫米　16开本　13.25印张　137千字
	2014年11月第1版　2014年11月第1次印刷
定　　　　价：	39.00元

未经许可，不得以任何方式复制或抄袭本书之部分或全部内容。
版权所有，侵权必究
举报电话：010－62752024　电子信箱：fd@pup.pku.edu.cn

前言

倾我所有，只为圆一个梦

"作为企业家，您的终极目标是什么？"

这是在参加各种聚会或者召开记者会时，经常被问到的一个问题。我明白他们都是好奇心旺盛的人，期待听到特别的、惊天动地的答案，可是我却总是这样回答：

"终极目标？很简单，'活到最后一刻'。在这个竞争泛滥的社会里，不被别人甩在身后，变成'过去式'，而能和大家肩并肩，一起生存在'现在进行时'里，这就是我的目标。"

就是这样！只要我打定主意，会不眨一下眼，在任何人都来不及阻止的时候，也就是所谓的第一时间里，付诸行动。这已经成为我的习惯。有的时候，思维和行动会在同一时间完成。快速的思维定位（决策）和现场实践（行动），是成就今天的caffé bene（咖啡陪你）最得力的功臣，这一点我十分肯定。当然，我的判断也并不总是那么明确或精准。因为过快地投入行动，有时候也会漏掉很多东西，自己没有想到的伏兵也会随时绊我一脚。

但是，长久以来养成的习惯不曾改变。凡事只要我打定主意去做，绝对不会有片刻的犹豫，我会立刻付诸行动。其实这也正反映出我内心的渴望，正因为对这件事有着极度的尝试欲望，所以心中才会躁动不已，巴不得立即见出分晓。换句话说，我希望用最快的速度去实践，来证实自己的想法，并获得最新的成果。

从前我除了贫穷，一无所有。我没有殷实的家庭背景，相应的，也就没什么必须守护的东西。我只能用自己的力量去证实自己存在的价值，去树立自己的自尊心。对于我来说，不断地计划、行动、取得一个个微小的成果，这个过程本身就是一种价值创造了。我没有退缩或者犹豫的理由。"缺乏"，这反而成了我的动力，也让我体验到从无到有的喜悦。我不要只用脑子做梦，而是投入了我的整个人生，不断地为梦想奔跑、冲刺。

人们常说现在的年轻人心中没有梦想。可我的想法却截然不同。我的合作客户中，有很多二三十岁的年轻人，我经常跟这些人接触。我也时常应各个高校的邀请去做讲座，时间允许的情况下我都会尽力跟大家交流经验。我在现场遇见的那些青年们，都有一个野心勃勃的梦想。

他们有各种各样的资格证书、多国语言能力、海外留学经历，还有健硕的体格……而且还是在这样一个只要稍加勤奋，就能得到一切情

前言

报的时代背景下资历又算得了什么呢？与20年前我那个辛酸的青春相比，现在的年轻人已经不只是让我羡慕了，甚至让我产生一种惊讶的情绪。他们的梦想也很立体，而且多样化，有时候甚至会超出想象，让人感叹不已。

可是世人却说他们没有梦想，这肯定是因为他们的梦想中还缺少一份执着，他们的追求还没有热切到热血沸腾的程度。只要那份在心中默默残喘的热情，能够遇到令其沸腾的导火线，这些年轻人一定会变得非常耀眼。有的时候，我甚至希望我那些惨淡、辛酸、心动、振奋交织而成的错综复杂的个人经历，能够成为他们的动力……这份心意最终也促成了这本书的到来。

"梦想不是用来膜拜和珍藏的，而是需要用全部的身心与之碰撞。"

我能坚定不移地追随信念，并且做到今天的成就，都要感谢与caffé bene同舟共济的各位加盟商和每位顾客朋友的持续信赖。如今，我的终极目标是"和所有人一起愉快地生存"。

caffé bene 金善权

2012年11月

目录

"缺乏"也是一种资产

01 不要埋怨任何事 \ 003
02 在你心动的路上毫不迟疑 \ 008
03 朝梦想所指的方向前行 \ 014
04 只不过是一次失败而已 \ 019
05 不付诸行动,无法收获果实 \ 025
06 殷切是你的第一武器 \ 032
07 自助者,天助之 \ 036
08 商场上没有永远的成功 \ 043

锻造秘密武器,赢得商场竞争

01 不投入别指望产出 \ 051
02 面临危机不逃避,正面出击 \ 060
03 让我生存到最后的秘密武器 \ 063
04 管理你的消极思想和情绪 \ 072
05 懂得畏惧,才有成长的空间 \ 078
06 我的人生我做主 \ 081

07 有些东西决不能放弃 \ 086

08 是追逐金钱，还是追求价值？\ 093

Chapter 3 只有费了力气，才能产生真正的力量

01 根本不存在红海 \ 101

02 从千户洞 1 号店到 1000 号店 \ 107

03 成为超越普通意义的咖啡店 \ 114

04 意志在，方法即在 \ 120

05 被爱，才能成功 \ 126

06 时刻思考事业的本质 \ 131

07 追求新颖独特的事物 \ 137

08 一杯咖啡中沉淀的哲学 \ 145

Chapter 4 向世界舞台进军的 caffé bene

01 激发工作的热情和责任心 \ 153

02 梦想有多大，成功就有多大 \ 159

03 敌军大本营是最好的学校 \ 162

04 厢房文化和世界的对话 \ 170

05 乘着韩流，进军中国 \ 178

06 放眼未来，用工匠精神决胜负 \ 184

07 最高的品质如何造就？\ 188

08 我是播撒希望的人 \ 193

后记：钱包里区区 5 万韩元也能幸福的理由

Chapter 1

"缺乏"也是一种资产

冲到最后一刻：
Caffé bene领军韩国咖啡市场的秘密

如果当初我也为各种芝麻粒大的事埋怨世界，
躲在天生的贫乏和穷苦后面苟延残喘，
就不会有今日的这个我了。

因为我比任何人都贫穷，一无是处，
所以为了填满这些空缺，
我付出了比任何人都多的努力。

而在那份努力的尽头，
就是今天的我。

"缺乏"也是一种资产 | Chapter 1

01 不要埋怨任何事

不要抱怨世道艰难。
我9岁丧父,
被赶出村庄后,四处逃难。

不要抱怨家中贫寒,
我曾吃着野草和耗子苟延残喘。

"就算是抓路边的死耗子喂饱肚子,我们也一定要活着朝目标迈进!2015年誓要成为国际化企业!"

每周一早晨8点30分,我都会主持例行会议。在这个海外分公司骨干和韩国国内职员聚集在一起进行视频会议的场合,我总会这么呐喊!

成吉思汗曾说过:"不要抱怨世道艰难。我9岁丧父,被赶出村庄后,四处逃难。不要抱怨家中贫寒,我曾吃着野草和耗子苟延残喘。"我们引用成吉思汗的话,打造了我们自己的口号,为国际化进程加油打气。

众所周知,铁木真扔掉所有的借口,克服所有的困难之后,才真正成为"成吉思汗"。我也是如此。如果当初我也为各种芝麻粒大的事埋怨世界,躲在天生的贫乏和穷苦后面苟延残喘,就不会有今日的这个我了。因为我比任何人都贫穷,一无是处,所以为了填满这些空缺,我付出了比任何人都多的努力。而在那份努力的尽头,就是今天的我。

我的幼年停留在20世纪的70年代。那个时代的青涩、贫乏,今天的孩子们根本无法想象。我出生在全罗南道长城郡的森西面。这是一个要从小镇上坐40分钟公交车,然后步行30分钟,才能到达的穷乡僻壤。我家和邻居们的家境一样窘迫。如果要指出仅有的一点不同,那就是我的父亲很早就去世,为了养活家中的九个子女,母亲每天都面朝黄土背朝天地在农田里辛苦劳作。

那些岁月里,梅雨季节真的是雨水不断。大雨倾盆而至时,我们家简直就像战场一样混乱。雨势太大,房顶就会开始渗水。雨点儿一滴一滴地坠落,需要用锅碗瓢盆来接雨。但是当雨水干脆顺着墙壁直接流进来时,我们就完全束手无策了。所以睡觉时干脆不在屋里,直接在走廊上睡觉了。因为走廊的地面是木质的,能稍微减轻一些潮湿的感觉。

但是更大的问题是水田。一下大雨,就必须赶紧给水田打开豁口。在稻子生长旺盛的七八月份,水田里的水分一定要保持适量,不

"缺乏"也是一种资产 | Chapter 1

能多也不能少。这时暴雨突袭，如果不及时打开水田的出水口，那么脆弱的堤防就会崩溃。一旦水田堤防被冲破，就会如同大的水闸决堤般，泥水开始肆意泛滥，包括水稻和泥土在内的所有东西都会瞬间被瓦解。尤其是我家的水田面积较大，所以每当下雨，妈妈就拿着锹朝水田狂跑，而且连雨衣或雨伞都不带。

"为什么我的妈妈连雨衣都没有呢？""为什么我的妈妈大清早听到雨声就睡不着，立马跑到水田里？"

我坐在走廊上，看着从农田里赶活回来的妈妈，心里很不是滋味。妈妈浑身被雨浇透了，我怎么可能好受呢？

每当这时我都在心里发誓："我长大后一定要帮妈妈担起所有的事！我还要赚很多很多的钱，给妈妈买雨衣！"

只要一下雨，我脑海里就会浮起这个誓言，然后坐在走廊等妈妈回家。我小学时的记忆，都是雨和妈妈，妈妈和雨。而且我还要帮助一个人劳作的妈妈干活。放学后，我回到家放下书包，便直接奔到田里去。当朋友们结伴到有电视机的朋友家看动漫和电视剧的时候，我要干活。不这样做的话，妈妈就要忙碌到深夜了。

迄今为止，我所认识的朋友里，任何人都没有像我一样的艰辛童年。也许是拜此所赐，长大成人后，一般的劳累对我来讲都是小菜一碟，有的时候我甚至会"自讨苦吃"。有些人把我的这种幼年经历解释成"缺乏"，认为我成功的动力就是为了消除那份"缺乏"。这种说法并非完全错误，但也不是那么贴切。

冲到最后一刻：
Caffé bene领军韩国咖啡市场的秘密

我曾经的确很贫穷，在贫穷里也吃尽了苦头，这是事实。但我从没有因为贫穷而对富有的人产生反射性的仇富心理，或者茫然的憧憬心理，这是一次也没有过的。而且我也从未因为贫困、为了脱离穷苦而立志成为富人。我只是为母亲感到悲伤，因为她像是认命似的接受了自己所遭遇的极端贫穷，以及与此相随的所有辛酸劳苦。

母亲独自担起这么沉重的负担，是从父亲突然离世开始的。在那之后，母亲要独自一人养活我们兄妹九个。现在我还依稀记得父亲离世时的情景。当时那份模糊的记忆，我曾在2008年的某本杂志中提及过。

> 我在睡梦中突然被姐姐的哭声惊醒。
>
> 姐姐放声大哭。
>
> 家中蜂拥了一群人，仿佛村里的乡亲都聚在我的家里了。
>
> 我无法忘记泪流不止的母亲说出的那句话：
>
> "最后看一下父亲的脸吧。现在不看以后可就没机会了……"
>
> 我看到屏风后面有什么用白布盖着。
>
> 我直觉地意识到那就是父亲了。
>
> 突然心里开始憋闷。
>
> 也没有挨打，怎么总是流泪？
>
> 看着母亲满脸的泪水，我哭得更厉害了。

那个时候，我不过刚刚8岁（本书中的年龄，均是按照韩国传统取虚岁数。一般虚岁数减去1便是周岁数。——译者注）。

父亲的离开带来的痛苦比想象中还大。逝者长已矣，生者常戚戚，所有的苦痛和煎熬都要活着的人独自承担。这次，我们赤裸裸地遭遇到温饱问题的威胁了。

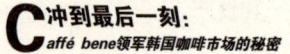

02 在你心动的路上毫不迟疑

如果在那
让你心脏怦怦跳动的路上，
你还踌躇不定的话，
那么你在哪条路上都走不远！

"你笑起来的模样看着真好。"

这句话改变了我的一生。小时候听某人说起的这一句话，让我勇敢地踏上了销售的道路，而且是在17岁的小小年纪。年幼时的我渴望成为一名画家，也想成为一名聚光灯下尽情舞动的歌手。

曾经，我对舞台十分痴狂，还和朋友们组建过一个组合，每天结伴去跳舞。我还曾想象过当一名军人。我曾是个梦想很多的少年，多到无法一一列举。当然，那都是和我的才能以及现实毫无瓜葛的"幻想"而已。年少的我以为自己一切都能做到，一切都能实现。

"缺乏"也是一种资产 | Chapter 1

"兼职？"

我在偶然拿到手中的传单上，看到一则招聘生活用品兼职销售员的消息，没做多想便动身到了光州。当时我脑海里的第一反应是，光州距离我的故乡长城并不太远，只要利用好周末，这件事情就一定能做到。而且只不过是让像我这样拥有阳光般笑容的少年去卖一个东西，给人一些实用的建议，哪会有拒绝这种建议的薄情之人呢？我这不知天高地厚的自信心立刻占据上风，二话不说进入了这项冒险的挑战中。

"奶奶，您买一个吧。"

我将胶皮手套、指甲刀等杂七杂八的物品摆放整齐，对着素未谋面的陌生奶奶，露出我代表性的明媚笑容，企图以此来打动她。奶奶就好像是看着缠着自己买糖吃的小孙子，露出一副慈祥的笑容，买走了很多东西。

我抱着货物上门兜售，十家里定有两三家会购买我的东西。我当时觉得那真是很神奇，而且也很有趣。而且通过自己的劝说，让一些原本毫无购买念头的人掏钱购买自己的东西，这让我体会到莫大的喜悦，就如同卖出了一台奢华汽车一样。虽然我是因为生活艰难而想到自己去赚钱，才走上这条销售道路的，但是在挣钱之余，我也很享受这个接触陌生人并说服对方的过程。

"这副胶皮手套外表上看起来很普通，可是了解后你会发现……"

冲到最后一刻：
Caffé bene领军韩国咖啡市场的秘密

当我招牌式的天真微笑行不通的时候，我也会积极解说，有时也会妥协让步。最后他们也会购买我的商品。这些全都是需要一两张1000韩元面值的钱才能买到的高价物品。我会向他们解释购买此物的必要性，以及买了这件东西能得到哪些好处，等等。现在回想一下，也许是看着一个学生露出天真的笑容，辛苦兜售生活用品，大家心生怜悯才购买一两个物品吧。但是那时候的我哪会想到这些，我只感受到莫大的成就感和满足感，我甚至开始相信，自己天生就有做销售的潜质。

"你当初为什么那样？"

成年后，偶尔和昔日的朋友喝酒叙旧，大家都对我当时的做法感到不解。像现在一样，当时的高中生也都为了考个好大学而拼死拼活。在这种形势下去分心做些其他事情，或者短暂停下来休息，都是很难被大家接受的事情。

那为什么在别人拎着书包往返于学校和补习班的时候，我却一放学就背着满满一大包的生活用品，去陌生的胡同里兜售呢？很简单，为了钱。我当时十分贫穷，穷到不用别人教，我也能用身心体会到贫穷是什么。我在贫穷的处境下很自然就了解到，有钱才能吃上饭，有钱才能买起课本。所以对于我来说，"钱"是非常珍贵的东西，是值得我感激的东西。

当然，当时我们家还没有穷到饿肚子或者没钱买书的地步。但是当我8岁失去父亲后，母亲就要在田间种地，来照顾我们兄妹九人。

母亲的辛苦之路从那时开始。她的人生随着父亲的突然辞世而骤变。随着兄长们陆续工作，母亲长年的辛苦终于得到些缓解。但是包括我在内，仍然有几个还在上学的孩子。我幼小的心里就在想，一定要对家里有所帮助。

庆幸的是，我渐渐对这种上门兜售的生意产生乐趣。在打工时遇见过一些朋友，刚做了半晌就叫嚷着腿疼、腰疼、肚子疼。可我却在这些辛苦当中，体会到更多的挣钱快感和与人沟通的喜悦。而且你付出多少就能收获多少，这一点让我对推销工作感到非常满意。

"但是这个原价是多少呢？"

沉浸在推销成就感中的我，一天突然对手中的这些货物的原价产生了好奇。那些召集兼职打工人员来做推销的商会，总是从个人最终销售额中提成来奖励打工者。当我了解了这个流程后，很自然地对商品的原价，不，更确切点说，是对"卖掉这些东西的利润有多少，竟然还能招聘打工者，给他们发提成"这件事情产生了疑问。

我找到批发商询问到物品的原价后，顿时感觉到自己是那么的傻。如果我直接从批发商这里进货，拿出去销售掉，所有的利润不都是我的了吗？想到这里，我将过去打工攒起来的钱和向三姐借来的钱拼凑起来，开始自己进货了。就这样，我开始了人生中第一份事业。我在货箱般大的书包中塞满了各种生活用品，到处去兜售推销。那时候的我，比任何人都磊落，而且自信满满。这是我自己选择的事情，是因为喜欢而做的事情，没有必要感到丢脸，更没必要觉得矮人一等。

当然，俗话说不如意事十之八九，事情不可能永远都顺利。当推销不如意时，我也会觉得泄气，为库存发愁。更严重的障碍是我的自信心受损。如今和之前给别人打工不同，什么时候出门去卖都没有关系了，觉得辛苦时还能随时回家。这种心理上的放松，最后发展成了松散和懒惰。我开始一小时一小时地赖床，而且因为"太累""生意不顺"等借口，做不到当初规定时间的一半，就拖着行李回家了。

"哎哟！这么多东西什么时候才能卖光？"

看着堆在房屋一角的货物，我每天都在叹气。还不如拿着少点儿的辛苦费，在商会做些打工的活计，至少身体和心灵不会这么劳累。但是现在后悔已经晚了。窄小的房子一角堆着的待售的生活用品，一直在瞪着我。我甚至产生幻听，耳边响起了因为信任才借钱给我的姐姐的哀怨。

话说，解铃还须系铃人。

我自己招来的事情，不管怎样我都要负责到底。虽然心里依旧茫然，脚底也不想挪动，但是我仍旧逼迫自己再次来到光州，开始穿梭在一条条巷子里，兜售我的库存产品。而且，这次我的声音更加洪亮，脚步更加坚实，表情也更加明媚！没有人会买一个败北者的产品！我今天重新挑战，所以我再次成为胜者！

或许是因为心中的意志改变了，我肩膀上沉重包裹的重量也开始减轻。最后家中堆积的那些库存也都消失不见。从姐姐那里借来的钱

"缺乏"也是一种资产 | Chapter 1

全部偿还,而且我的手中也握有用努力换来的宝贵的金钱。我的心头也刻上在人生第一次挑战中得到的、世界上最值钱的所谓"成功"。

朝成功迈出的第一步,其实并不需要多么伟大的决心。从某天突然接到手里的一张传单和一点点的好奇心,就足够让你走出第一步。开头,比我们预测中要简单得多。但是想要成功,就要直面过程的残酷,付出无数的汗水和忍耐。当然,这份汗水和忍耐你能否承受得住,这个要个人去判断。其实并不是"一旦开始,就必须一路走到底"。我反而想告诉大家,你没有必要因为迈出了第一步,就必须在这条路上死扛到底。

如果已经迈出第一步,首先就要审视一下它和你是否合适。我眼中轻松刺激的胡同,对你来说可能却是漫长痛苦的道路。同样,如果你发现自己走出的那第一步,如同走了千里般辛苦的话,就需要在迈出更多步之前,毫无留恋地停下来,转身。因为那不是你的道路。但是,在你迈出的那么多第一步中,只要存在你感兴趣的,能让你热血沸腾的道路,那么,走在那条路上将要面对的各种辛苦,就需要你自己去忍受了。如果在那让你心脏怦怦跳动的路上,你还踌躇不定的话,那么你在哪条路上都走不远!

很幸运的是,我在人生的第一步中就找对了道路。那也是一条吃力而且疲惫的道路。但是我最终在17岁的年纪走出了那一步。我那"一切都能做到,一切都能实现"的自信心也再一次烙印在我的心中。

03 朝梦想所指的方向前行

下定决心后，

我立马付诸行动。

这种习惯已经

深深嵌入到我的身体里，

甚至有的时候大脑和身体会同时行动。

迈入社会的第一步！好吧，我要做生意！在结束了三年兵役后，我站在自己的人生岔道口思索了很久。做生意？找个公司上班？还是准备资格考试？……我反复思忖着这些未知的问题。当时我所烦恼的事情和现在年轻人的烦恼其实都大同小异。

2011年7月15日，我在COEX会展中心进行了我人生中第一次公开演讲，主题是"放飞梦想"。那一天，我从那些对未来感到迷茫的青年身上看到了年轻时的我。也许是出于对caffé bene的成功充满了好奇，那场讲座的报名申请人数超过6000名，受到社会的很大关注。但是由于场地限制，我们只能接受500名观众。即便如此，仍然有很多人表示愿意站着听讲，现场最终容纳了600余名观众。

营销领域的专家和教授，众多媒体记者，场外走廊里通过电视画面观看的人，总之是有很多人前来听讲。但在这密密麻麻的听众群中，唯独那些学生给我留下了深刻印象。当时我的演讲结束，进入观众提问阶段。

"教授，您好！我是一名大学二年级的学生。不过，我现在正准备卷铺盖走人，去创出自己的一番事业。我应该注意哪些事情，希望能听听您的建议。"

那个学生脱口而出的"唐突"话语，使得现场观众哄堂大笑。可我的内心却着实颤抖了几秒钟。我所设想的以及大多数观众真正提到的，都是诸如"caffé bene的竞争力是什么？""怎样才能取得成功？"之类的问题。但他竟然甩手扔来一块"想辍学去创业"的砖头，把我砸得晕了神。

等我回过神后，突然想起了年轻时站在人生岔道口犯愁的自己。当时我的答案是创业，于是就先迈出了做生意这一步。直到30多岁才在韩国世宗大学念了经营学，于2012年2月取得经营学硕士学位。拿到硕士学位后，我才释怀——最后的一项作业终于完成了。转念回到讲座现场，其实我从那位学生提出的问题和浑身显露的霸气中感受到了强烈的共鸣。我在心里呼喊着：

"我也曾那样！学位，换句话讲即学习，只要自己不放弃，将来任何时候都能继续。现在有真正想做的事情，那调换一下顺序也无妨。"

可真到了为他做解答的瞬间，我的嘴却无意识地选择了相反的回答，与我心中的想法完全背离：

"适当的时机做适当的事情。最好在你能学的时候把书念完。以后再学习就会变得很艰难了。试想下，几年后，你的记忆力难免会下降，同样的功课要花费比现在更多的时间。"

我暗自后悔自己做出如此扫兴的回答。如果当时的时间允许，我真想和他有进一步的诚恳对话。可是其他学生的提问却一个紧接着一个。

这次举起手提问的是一个穿着得体的英俊青年。

"我是土生土长的首尔人，比较看好蓝莓事业的前景，现在已到乡下做了些前期的准备。我相信若能听得金代表的一席话，会对我大有帮助，便从忠清北道的阴城郡跑来了。"

从他的穿着和外表来看，大家很难想到他的梦想是做青年农民。这个戏剧化的反转主人公在此次演讲过去整一年后，给我的秘书室寄来了一份快递。

"鲜嫩多汁的新摘蓝莓出炉啦。"

宣传册中，青年手捧在忠清北道阴城农场收获的第一批蓝莓，灿烂地微笑着。

"缺乏"也是一种资产 | Chapter 1

我服兵役时是在昌原市做后勤补给行政兵,私底下也很认可自己的数字敏感度。尤其是损益计算等会计领域,相当一部分内容都是自己领悟出来的。也多亏了那段经历,我在第一次做生意时就能独自生成利润表和资产负债表等财务表格。

我在年近三十岁的时候,和兄长一起来到首尔。到那里后,我心中那股"一切都能做到"的信念从未消失。尤其是上学时期的各种打工经历,让我慢慢把握住一些做生意的感觉,于是我开始着手准备创业。由于当时还没条件开店铺,只能从小本买卖开始做起。恰逢当时正值年末,我突发奇想,觉得这是做福笊篱生意的好时机。

下定决心后,我立马付诸行动。这种习惯已经深深嵌入到我的身体里,甚至有的时候大脑和身体会同时行动。我当即南下去了全罗南道潭阳郡进货。但是进来的福笊篱没有任何装饰,看起来毫无生气,于是雇佣了一些大妈在福笊篱上系蝴蝶结。

"挑一挑!选一选!漂亮的福笊篱,给您带来新年新气象啦!"

圣诞节刚过,我就在议政府站的前面叫卖起来。"挑一挑!选一选!"我扯着嗓子一遍遍地喊着。到了傍晚,我就拖曳着白天没卖完的福笊篱转战娱乐街,直到卖完为止。因为时值年末,夜晚的娱乐街上尽是浓情蜜意的恋人。只要眼前出现一对恋人,我就追上前大喊"祝您多福",然后递上手中的福笊篱。十有八九的恋人会掏钱买下福笊篱。

虽然要在这寒冷冬天里整日整日地奔走,看似可怜巴巴地向行人叫卖，可我从未感觉到凄凉或者辛苦。恰恰相反，我打心底觉得舒畅，做生意的同时还生出一份闲情逸致，慢慢欣赏着圣诞节和年末的街头景致，而且还能向人们送上真诚的祝福，多么美好的事情啊！

我就这样在首尔开始了第一份社会工作。即便到了现在，一想起那段街头卖福笊篱的时光，也感觉特别满足。没有别人指使，也并非非做不可，仅仅因为心中那份"学习世界、学习创业"的渴望，而倾尽全力去做了这份事业。哪怕只是个微不足道的福笊篱生意，也足以令我满足。

04 只不过是一次失败而已

当意识到
我能百分之百地控制我自己的时候,

我感觉
我拥有了全世界。

而且我找到了一个
全新的方法来训练自己。

"我……死了吗?"

当我睁开眼睛时,竟然是在棺材里。我窥探不到一丝光亮,只有冷飕飕的气息四处游窜,裹住我的身体。死一般的沉寂。那是在棺材里,我坚信不疑。我甚至回想起前一天晚上自己在抱怨凄凉的身世,而且写下遗书。我讨厌自己生下来就一无所有,贫困潦倒。当我遇到危机时,没有人能抓住我的手。这么冷酷的现实,简直让我怨恨至极。我想放下这所有的一切。

我就那样整宿地埋怨世界。我甚至埋怨起很久前便辞世的父亲。然后,我在首尔一处不知名的寒酸的半地下室里闭上了眼睛。当时我并没有非死不可的心。但是当我睁开眼睛的时候,已经躺在棺材里了。

我是在27岁的时候正式开始开店创业的。我拿出打工攒下来的私房钱350万韩元,从二哥处借来1000万韩元,以及信用卡贷款650万韩元,就这样拼凑起2000万韩元,作为自己的创业资金。我和本家的一个哥哥共同创业,开了一家小小的啤酒屋。因为本钱并不充裕,我们也没有再去挑剔地址的余地了。即便只是在东豆川市某条巷子里窄小的地下室,我也不介意。即便只是半个社长,我也无所谓。我相信,只要我愿意努力,成功就已经是我的囊中之物了。

"我要把东豆川的钱全部装进我的腰包!"

可是还不到一个月的时间,这种豪言壮志就飞得不见踪影,我整天垂头丧气。因为最初选址不好,所以我们尽力用最完美的服务来接待顾客。我甚至觉得在这种环境下,计较成本、计较损益得失的行为都十分不可取。所以每当有客人进来,我们就附赠丰盛的小菜,企图以此抓住顾客的心。可即便如此,生意也一直不见起色。

"没关系,肯定需要些时间。"

我们用了最上乘的服务招待顾客,我也相信凡是来过一次的顾客肯定不会忘记,而且会为我们带来新的客人。可是,我的期望永远只是期望。一年工夫下来,我们艰辛地维持了基本生计,却没有等来任

"缺乏"也是一种资产 | Chapter 1

何转机。我只得接受现实。我意识到，如果再这样走下去，只有债务会不断积累，我们的内心则会不断荒废下去。

我的第一份事业就这样以惨败告终。那可真是彻彻底底的破产啊。在那个熄了灯的寒酸出租房里，27岁的青春少年向着世界大喊冤屈。这是一开始就注定失败的游戏。原本一无所有的小子，就不该压上自己的一切，拼死拼活去和那些天生含着金钥匙降生的人抗争。他们的出发点就和我不同。想到这里，除了死亡之外再也没有其他任何想法了。

"不行！我不能就这样死去！"

但很讽刺的是，当我从棺材中睁开眼时，嘴里呼喊的竟然是完全不同的话。我使出全身的力气，想要从这黑漆漆的棺材里挣脱。我想，这不过才失败一次而已。如果就这么死去，那我的青春岂不是太可怜了！就在这时！我在细眯的眼缝里看到一缕淡淡的曙光，我听到人们的脚步声。远处还传来汽车过往的鸣笛声。我嘴里鬼使神差地吐出一口安心的叹息。太好了！我没死。

我误认为是棺材的地方，很庆幸，那只是我的出租房而已。因为是在半地下，所以外面路灯的灯光不易照射进来。而且已经好几天连续没有供暖，所以冷气在房里肆虐着。我一下子清醒过来。我现在只不过才经历了一次的挑战和一次的失败而已。怎么能死呢？

我等待着天亮，然后出发奔回了故乡的家中。我潜意识里感觉到，吃上一顿母亲亲手做的热腾腾的饭菜，我就能得到很大的安慰。

冲到最后一刻：
Caffé bene领军韩国咖啡市场的秘密

这次跟往常一样，母亲在背后偷偷抹去泪水，深藏叹息，无言地将我拥入怀里。曾经扬言要"挣大钱让您老享福"的儿子，如今背了一身的债回到故乡，她老人家的心里该有多么难受啊！

接下来的某一天，母亲照常下地干农活。我痴痴地盯着母亲微驼的背影，然后掏出了一张白纸。事情已经发生了，而且没有制定可行的对策。而我本该美好的27岁大好青春，却已经负债累累。

这种状况实在是糟糕透了。但是，就是这样一个我，却在"死亡"的边缘渴求生存，"扑通"从"棺材"里跳了起来。既然如此，我就要好好活下去。如果不想这样一蹶不振的话，就必须赶紧停止那些毫无意义的抱怨。有抱怨他人的时间，不如用来分析问题产生的根源，说不定能找到一条生路。

我十分客观地将目前的状况写在纸上。面对这种恶劣状况，我内心的真实想法是什么，负债多少，失去了什么，以及接下来要如何处理这些问题，我通通写在了纸上。最后我开始逼问自己：到底是因为什么才让事情发展成现在这个样子？

"明知道是个不太理想的项目，你还是租下了那家店啊？就算借债也要逞强开店的人，不也是你吗？"

一条一条地将失败原因写下来，很神奇的是，我最后发现所有的问题都出在我身上。尤其是我这种喜欢四处游荡、喜欢人际沟通的人，竟然老老实实地坐在店里等客人自己送上门！从一开始这件事就与我的个性不相符。何止这些呢？我被拥有一家自己的店所迷惑，甚至没有进行商圈和行业分析。原来，所有的结果竟是我自找的。

"啊！原来这一切都是我的错，而我却一直在埋怨他人！"

瞬间，全身如触电般一阵战栗。最初只是想通过这种方式整理一下现状，结果却让我看到了完全不同的世界。选错店址，选错行业，而且还逞强借债来创业，这一切过错的罪魁祸首都是我。可在此之前，我嘴里都在说些什么呢？我埋怨他人，埋怨命运，最终将自己27岁的人生真正变得一无是处。

"没错！因为我做错了，所以失败。那只要我能做对，就一定可以成功！"

我得出了一个非常简单的答案。因为入错行而失败的话，那么下次选对行业就行了；因为商圈分析没做到位而失败的话，那么下次彻头彻尾地做好分析工作就行了。突然间，我从这个近乎文字游戏的结论中，重新找回了被暂时遗忘的自信心——"一切都能做到！"只要"我"做好，就行了。

当意识到我能百分之百地控制我自己的时候，我感觉自己拥有了全世界。而且我找到了一个全新的方法来训练自己。从那以后，我就开始锻炼自己。那个训练可谓是我的秘密武器。如果能像我一样在这痛苦的一瞬间有所领悟，那么你很自然地就会获取实践那份领悟的妙招。

美国独立战争一等功臣、美国第一任总统乔治·华盛顿在年轻时也曾遭遇失败，也正是有了这些垫脚石，他后来才能获得巨大的成功。在华盛顿还是青年军官时，他接受上级的命令，带领新兵进攻当时的法国占领区匹兹堡地区。结果，他遭到兵力多出自己两倍的法国军和印第安人的袭击。己方的士兵慌乱逃窜，逃跑人数竟然多于死伤人数。在这么荒唐的战况下，华盛顿不得不忍辱投降。

兵力不足敌军的一半，还都是未接受过训练的新兵，带着这样的队伍打仗，注定是从一开始就可以预见失败的战斗。可是华盛顿没有为自己辩解，他将所有的责任都揽到自己的身上。承认失败之后，华盛顿开始全力研究这次将自己逼向绝路的印第安人的游击战术，并在以后的独立战争中也一直活用这种游击战术，为美国走向独立提供了莫大的帮助。

危机、苦痛，这些都不是失败的入口，而是走上成功之路的门槛。当危机到来时，你若能及时自我反省，就握住了打开成功之门的钥匙。

05 不付诸行动，无法收获果实

只用心想，
肯定是一事无成。

要想得人心，
你必须有一颗热切企盼的真心，
而比这个更重要的是，
你要用行动持续不断地传达那份真心。

第一次创业失败后，我从死亡的边缘走回，然后再次坚定了信念。我没有被创业吓倒。不，我应该说，自己没有资格去害怕。我要偿还信用卡高额的本利金，要偿还哥哥的借款，等待我承担的责任还非常多。

冲到最后一刻：
Caffé bene领军韩国咖啡市场的秘密

于是，我朝着梦想再次迈出新的一步，开始寻找创业机遇。一天，我突然注意到一伙成群结伴走进青少年游戏厅的小朋友。他们手里攥着硬币跃跃欲试的模样，极具感染力，我也禁不住露出欣慰的笑容。

"哎哟，真是天真烂漫的好年龄啊。"

我朝游戏厅里匆匆一瞥，那里挤满了大人和小孩，三五成群地聚在一起，都沉浸在游戏的世界里。

"怎么，游戏厅这么挣钱？"

对于童年在农田里度过的我来说，真是一道新鲜的风景。这是我此前从未体验过的全新领域，而有些人正用我根本想不到的方式挣着钱。

我意识到自己有必要分析一下青少年电子游戏厅事业的可行性。第二天，我再次来到这个地方。这里依旧挤满了小朋友。他们走到游戏机前，至少要停留几十分钟。第三天，我干脆以客人的身份，直接进去体验了若干个游戏项目，还计算了运营这种场所的可能收益和运营效率等。

打定主意后，我立刻向一位前辈请求帮助。这位前辈有熟人在运营青少年电子游戏厅。他帮我收集了很多信息，比如初期投资费用、人工费、维护费、日销量、净收益等，我们一起探讨这项事业的潜力。这时，我听到前辈说出一句话：

"听说他当初投入了5000万韩元，每日的收入足有100万韩元。"

从那时候起，我就开始失眠了。每天收入100万韩元。人工方面，只要雇佣一位收钱找钱的大叔即可。那么，除去不太贵的人工费、场地租赁费、电费，剩下的收入就都是净收益了。投入5000万韩元，每月净挣2000万韩元，这是小学生也能轻易计算出的数学题。我意识到这项事业的前景后，分秒必争，即刻造访清溪川。但是我遇到了第一个难关。

为了了解游戏机的种类和单价，我跑到清溪川游戏机销售中心进行咨询，才发现这里的不透明交易惯例。在大约五六平方米（本书原用面积单位，均是韩国传统的面积单位坪，1坪=400/121平方米≈3.3平方米，翻译时均换算成平方米，并取整数。——译者注）的店面里，干巴巴地摆着一张桌子，就开始做生意了。订单规格也与我之前了解到的不同，制作得十分粗糙。销售商声称，只要下了订单并且付款成功，游戏机工厂会直接送货上门。但是我实在无法从这么随意的环境和交易方式中找到踏实感。

"那怎么行？这样买来的游戏机，万一出了故障，我要到哪儿去修理？"

有些游戏机的大小和普通汽车、摩托车相似，价格也高达1000万韩元。在当时，这种价格足以购入一台中型汽车了。这么高额的金钱交易，交易方式却如此草率，真是让人不安。

但这又是个极其具有吸引力的事业方案，我又不能轻易放弃。而且要想做这项事业，势必要向兄弟姐妹借钱。与其天花乱坠地说些好话，不如做好充分的市场调查，这样更有说服力。当调查结果出来

冲到最后一刻：
Caffé bene领军韩国咖啡市场的秘密

后，这项事业的轮廓开始慢慢现出真身。创业本金也不是5000万韩元，加上租赁场地的费用，足足要1亿韩元。我苦闷了一段时间后，飞到了日本。日本盛产游戏机，我想在那里了解一下直接进货的情况。

"这种地方竟然是游戏厅？"

走进日本青少年电子游戏厅的我，一下子将眼睛瞪得溜圆。十分讲究的室内装修，利索的店面管理，让我联想到高级酒店，而且入口处整体用透明玻璃窗设计，从外面也能将里面的设施一览无余，这和我们国家封闭式的娱乐室文化真是大相径庭。看到这里，我就对日本游戏业的发达原因心知肚明了。在快捷开放的空间里享受游戏，这不再是一种浪费时间的无能行为，而是另一种形式的休息模式。

来日本原本是单纯为了购买游戏机，没想到却让我的事业构想更提升了一个层次。我要将日本先进的青少年电子游戏厅文化引入到我们国家去。当时我脑子里想到了两类顾客：一类是前来娱乐的儿童顾客，另一类就是像我一样想要做游戏厅事业的创业者。其他的创业者分明也会像我一样被清溪川市场那不正规的交易方式吓倒。即便是一个小零件出现故障，都会影响游戏机的使用，所以大家肯定会对售后服务非常重视。更何况清溪川那种五六平方米店面的主人也像流水一般在更替。人们需要的是一个更加正规、交易透明和售后服务完善的公司，这样才敢将自己的资金投入进去。

回到韩国后，我四处借钱，最后在东豆川开办了一个青少年电子游戏厅。

我相信，用真实而且直观的模型去打动创业者，比说破嘴皮子的效果要好得多。我参考了在日本的所见，对店面的"室内空间装修"格外用心。屋顶和地面的材质一定要高档，为突出模拟游戏的特性，还营造出宇宙空间的氛围。不只是如此，为了消除以往小区里那种固有的暗沉封闭的娱乐室的感觉，四周的墙壁都用玻璃来代替，创造了一个相当开放的文化空间。

不出所料，这种快捷独特的设计与韩国之前的落后娱乐室相比，简直让人过目难忘，真是吸引了不少的小朋友，还有很多二十多岁的青年顾客，每天都是门庭若市。

当我将游戏厅的经营维持稳定之后，开始正式投入到游戏厅连锁事业中。我到处去收集与连锁事业相关的信息。我拜访连锁企业家，说明了自己真实的处境和想法，并表明希望得到帮助。我还直接找到加盟店店主去了解他们的需求。

"在连锁事业中最重要的就是与顾客，也就是能成为加盟店店主的人建立信任。"

他们都对我这个充满激情和真诚的青年给予了超出我期待的礼遇。我心存感激，也没有放过任何一句建言，全部记录下来，并且刻在心里。经过很长一段时间的奔走，我终于得到了让自己满意的调查结果。我随即创办了"韩国世家"株式会社，并以"火星侵攻"的品牌正式进入游戏厅连锁经营事业。

游戏厅事业收获了成功。很多孩子在游戏厅里释放学习压力，而

冲到最后一刻：
caffé bene领军韩国咖啡市场的秘密

且那时候结下的缘分延续到了现在的caffé bene中。caffé bene青年志愿者团第4期修炼会在仁川开办，当时我也参加了这个行程，而且很意外地听到人们提起"火星侵攻"的名字。来自春川的金日莲志愿者代表他们团队做了主题发言，然后说道：

"我们小时候经常到金善权代表运营的第一个连锁店火星侵攻游戏厅。那家游戏厅就在公交车站附近，我们就成了那里的常客。跟着画面跳舞的DDR（Dance Dance Revolution，热舞革命，日本公司首创的跳舞机）当时真是太吸引我们了。如今竟然能见到火星侵攻连锁店的代表，真是好神奇！"

那一瞬间我感慨万分，原来这就是缘分啊。12年前的游戏厅顾客，现在成为caffé bene引以为傲的青年志愿团的团员。我想，之所以能将事业做成功，并且结下这种缘分，大概就是因为我能坚守成功习惯的缘故了。

在随性开办的第一项事业破产后，透彻的调查、分析和策划，变成了我的一种习惯。尤其是通过游戏厅事业正式进入连锁企业家的行列之后，我做事之前，脑海里总有两个念头在盘旋：第一个是加盟店店主的满足和成功，第二个是最终消费者的满足。为此，我更加努力地奔走，更加详细地做调查，更加周密地去思考。因为，这二者中哪怕有一个无法做到，连锁店总店和加盟店都会同时倒台。

小学生是我们的主要顾客群。虽然他们带来的都是些小额的零钱，但在我们的游戏厅里消费期间，都能受到最上等的待遇。过去的娱乐室却不这么想，他们认为只要把游戏机往那儿一放，启动按钮向下一按，他们的工作就完成了。我稍微换了下立场，站在顾客的角度，希望让他们能在一个更加惬意的地方享受悠闲的游戏时间，然后我将想法付诸了实践。

创业者们又如何呢？一份连机器名字都记载有误的简陋订单，看不到实体游戏机的交易场所，机器出故障后无法进行维修的流通模式……即便是再有潜力、再吸引人的机遇，创业者也很难轻易接受这种条件。我站在创业者的立场上，先读懂了他们不安的内心，为了寻找到解决方法，飞到了人生地不熟的日本。

只用心想，肯定是一事无成。要想得人心，你必须有一颗热切企盼的真心，而比这个更重要的是，你要用行动持续不断地传达那份真心。工作也是如此。不管是上班还是创业，不行动的话，最终肯定什么也无法收获。殷切的盼望和成就之间的联结纽带，正是行动。

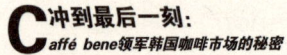

06 殷切是你的第一武器

我打来一碗水，
放在客厅的地上，
两手交握，无数遍地跪拜祈愿。

这份"殷切"，
才是渴求梦想成功的人
需要具备的第一个武器。
这一点，我确信无疑。

掉进牛奶桶里的青蛙将牛奶制成奶酪，最终踩着奶酪跳出桶外。这个过程中青蛙要做成千上万次的折腿动作，没有趣味，没有新意，甚至连成就感都没有，但它还要反复做这个动作的理由，只不过是对生命的殷切渴望而已。

回顾我过往的人生，跟大多数人一样，都是甜蜜和凄凉的循环往复。当你陷入凄凉的低谷时，为了爬上甜蜜的高坡而殷切奋斗。当最终爬上甜蜜高岭时，又为了不陷入凄凉的低谷更加紧迫地鞭策自己。在这份殷切的尽头，不知不觉就遇见了神。在我第一次发报纸广告时，就在更加殷切的渴望之下，见到了神明。

　　青少年娱乐厅"火星侵攻"的第一则广告是1997年8月5日刊登在《东亚日报》上的。代理公司告知我广告事宜全部搞定，当时我的心里是多么高兴！虽然我已经开始了自己的事业，但是它却不为世人所知。这次通过报纸广告，正式向世界宣告，我才有了一种迎接新生儿的感觉，第一次感受到创业的那种饱满与振奋。当然，现在也只是刚刚开始，但是我身体里的血液却在欢呼雀跃，心脏也激动得像要爆炸。长城郡来的乡下小子，在仅仅29岁的年纪，就在韩国代表性的日刊报纸上刊登了广告，这是一件多么意义非凡的事情啊！但兴奋归兴奋，紧张的情绪也紧随而来，而且在不断膨胀。

　　广告登出的前一晚，我如同参加一场高级别仪式般，怀着悲壮的心和姿态，注视着客厅的墙壁。客厅墙壁上干净得连一个相框都没有。我站在墙边，突然特别急切地想要许愿。我打来一碗水，放在客厅的地上，两手交握，无数遍地跪拜祈愿。

　　"希望明天广告一放出，至少有20通电话打进来。"

　　"求您就帮我这么一次吧。"

　　"只要您稍微帮我一把，我一定能做好的。"

　　如果被外人看见，铁定以为我精神不正常。可我依旧这么自言自语般求着上苍。在完成广告文案、广告设计的过程中，我内心的恳切一直在增长,到了刊登前一夜,终于变成了近乎疯狂的迫切。虽然我没有宗教信仰,但一想到自己已经用尽了全力,就相信一定能遇到神明。终于,广告刊登日的早晨来临了。我匆匆起了床,看着外边,却一下子皱紧了眉头。

"为什么偏偏今天要下雨?"

因为担忧,我整晚没睡好觉,从凌晨下雨开始心里就开始纠结起来。我非常担心那些登着我的广告的报纸会被雨淋湿。所幸的是,到了上班时间临近时,雨势渐小,变成了毛毛细雨。我比平时上班提前了两个小时,眼睛盯着电话机,心揪得很紧。

就在那时,"叮铃铃"!

本来十分寂静的办公室,突然响起欢快的电话铃声。终于有第一通商谈电话打进来了。而且从第一通电话接完之后,电话是一通接一通,我忙到甚至抽不出时间吃一口饭。可我却完全不在意这些,每当电话响起时我就发出幸福的欢叫,然后倾尽全力和客户商谈。商谈电话络绎不绝,这也让我再次确定了这项事业的前景。因为我感受到了人们对这个行业的期待。

"千万要让我谈成一单生意啊!"

一天下来,我接了130多通电话,全身都瘫软无力了。回到家中,我再次盛了水,真诚祈祷生意能够成功。从第二天开始,我就让负责解答咨询的员工留守在办公室,自己出门拜访头一天打来电话的客户,听取他们的具体意见和要求。考虑到也许能当场签成合约,我便在包里放上合约书、店面宣传册、公司账户信息等资料。

我登门造访了第一个客户，开始进行面对面的事业洽谈。这时，我小时候的销售经验派上了用场，我详细地跟客户进行说明与解疑，然后很顺利地完成了协商。尤其是在协商过程中，我始终铭记连锁事业前辈对我的谆谆教诲，也为了让客户对我产生信任而努力着。就这样，我终于迎来了第一单合作，青少年电子游戏厅"火星侵攻"连锁1号店诞生了。

我再次意识到这项事业有着无限的发展潜力，一个月后，我将办公室搬到了首尔江南区，投入到正规的连锁店加盟洽谈事业中。我增加了负责解答咨询的员工人数，也聘请了更多的加盟店现场指导专家。

在"火星侵攻"慢慢成长为像样的连锁店以后，也曾遇到过各种的迂回曲折。但是撇开那些困难不说，在"火星侵攻"1号店诞生之前，我心中那份殷切的渴望从未消停过。也许是上天感知到我那份殷切，最终加盟店突破了200家，我也因此爬到了甜蜜的高峰。其实所有人都一样，在明确了目的地，迈出第一步，直到进入安定的轨道，我们心里的那份殷切都是十分深刻的。

尤其是像我这样一无所有、白手起家的人，总会在某个瞬间遇见神明。而事实上，我向神殷切祈祷的事情，也不只是在"火星侵攻"连锁事业时期做过。在创立caffé bene并且将它发展为稳定的连锁事业的漫漫旅程中，我也曾殷切寻找过神。这份殷切，才是渴求梦想成功的人需要具备的第一个武器。这一点，我确信无疑。

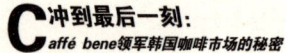

07 自助者,天助之

危机,总有一天会来找你,
每个人都逃脱不了。

不过,我们能够在这个旋涡中,
寻找到机遇,化危机为转机。
遭遇危机就放弃的人,注定失败;
战胜危机的人,必定成功。

曾经,我对"危机就是机遇"这句老生常谈的话不屑一顾。我想,说出这句话的人肯定不懂遭遇危机的人的那种绝望,或者只是为了安慰对方而想到的权宜之计。但是当我也不可避免地遇到危机,并且在不断克服危机的过程中,迎来一个个机会的幸福瞬间,我终于亲身领悟到了"危机就是机遇"的真正含义。

也许是因为青少年电子游戏厅连锁店"火星侵攻"的第一份合约和第一家加盟店开张都太过顺利,没过多久我就面临了要停止这项事业的困境。在到处拜访面谈的第一天，我就签下了两个合约。但是后来真正做起来的只有一个。创业者是看中了青少年电子游戏厅事业的可行性才签约的，可实际操作过程中却迫于家人和周围人的反对而收手。在那个时候，人们对游戏厅的印象并不好，已签约的人在听到周围人说三道四之后，经常会改变主意。我也因此了解到，即便是签了合约，在项目进行过程中还是会发生各种大大小小的变数。

当时我住在东豆川，在去江南区上班的路上，总要经过永东大桥。每次到了这里，我都不自觉地深呼一口气。俯视着广阔蔚蓝的汉江，我能感受到的也只是那份在首尔自由穿梭的满足了。

"哎哟，怎么这么累呢？"

从办公室到家的这两个多小时的路程中，我总会陷入沉思。虽然说从商谈到签约的过程很辛苦，但是真签了约，要履约把它变为现实，里面还是藏着各种各样的变数。而且，辛苦建设起连锁店后，以后的管理问题也都要我负责。生意稍微不如意时，就会有抱怨的电话打来。或者是游戏机到货后，因为存在缺陷，便打电话来斥责，要求调换新货。甚至是游戏机使用过程中出了问题，也会打电话来，不分青红皂白地责问为何机器会出故障，要求赶紧上门去修理。对此，我感同身受，也明白他们在遇到状况时提出不满和各种要求是理所当然的事情。可即便如此，我每次接起这种电话时都觉得好无力。这种瞬间，我就会从骨子里感受到，要让每一个加盟店客户都和我建立起信任关系，真是很难的事情。

或许，对于那些人来说，一个年纪轻轻的小子来做连锁公司的代表，觉得不够可靠。大部分的创业者做过个体户，或者有过相当长一段时间的职场生活，社会经历和事业秘诀都比我丰富。相比之下，我的情况就显得那么单薄。而且，与几位年长的经营者一比，我在很多方面的确存在不足。但是，正是因为我知道自己的不足，所以我也更加努力，想满足他们的要求。

创业者在发现连锁企业家或者连锁店总部的支援跟不上自己的期待时，他们随时会转身走人。所以，我一定要用尽全力得到他们的认可，这是个十分艰巨的任务。另外，一些想加盟连锁店的新人，也会特别关注并直接与市面上已有的店面进行交谈，所以，提高既存加盟商的满意度，也是非常重要的事。

其实，不管是在那时，还是现在，为了让连锁店总公司和加盟店能够实现双赢，我一直在不断调整双方之间的各种结构和模式。但这个过程并不是很容易的。而且当时人们对这个行业的先入为主的偏见，也让开设加盟店的业绩受到影响，我心里七上八下的，无法平静。我之所以能在这种情况下支撑下来，就是因为东豆川的"火星侵攻"直营店一直维持了超出预期的好业绩。

"真是屋漏偏逢连夜雨啊！"

就在这样以缓慢爬行的速度向前走的时候，严重的危机横在我面前。1997年11月的金融危机让整个韩国陷入一片泥潭。我担心原本就萎靡不振的"火星侵攻"连锁事业就此一落千丈，我整宿地睡不着觉。在当时，国内许多被认为"大龙不死"的大型企业，之前积累的成果也都在慢慢坍塌中，完全看不到回生的迹象。在这种情况下，我开始心乱如麻，不过是一个做游戏厅连锁事业的我，怎么可能撑得下去？

这次全国性的经济危机导致家庭收入减少，人们开始减少支出。花钱置办衣服、外出聚餐都变得有节制了，旅行休闲活动都骤减，甚至连生活用品的消费也变得很慎重。外部大环境如此，当时占据连锁业先锋的服装、餐饮业的利润都在减少，随之造成加盟商利益受损，加盟店合约中止又造成连锁总部的经济损失。

在这种没有人能幸免的国家性经济危机面前，发生了奇怪现象。我所运营的清溪川店面，以及"火星侵攻"连锁加盟店的收益与以往并无太大差异，甚至还有个别店面的收入呈现上升趋势。对这种奇怪的现象，我也有自己的分析。直觉告诉我，这是父母对孩子的爱的最后一道堡垒。

因为收入减少，没法继续给孩子买很多好衣服和好吃的美食，但是孩子们拿到一个小小的铜板时脸上露出的那份小小的喜悦，父母们不想去抹杀掉。他们不会告诉孩子，"现在家里资金紧张，你就省着点用这硬币吧"，而是希望，"虽然爸妈很辛苦，但希望你能开心地笑，你不用去了解爸妈的这种悲伤，快乐地活着吧"。而最终，孩子们天真的笑容，也是父母东山再起的力量。我是这样积极地看待这件事的。

这么静静地观看这种异常现象的人不止我一个。遭遇公司裁员的员工，其他行业的连锁加盟商，都因为收入骤减而将眼光转向了赢利得"不是时候"的青少年电子游戏厅上来。"火星侵攻"连锁加盟店的洽谈开始增多，新进的加盟商迅速增加。尤其是那些跨行业来做游戏厅加盟店又成功赢利的事例一增多，大家都以此为模范，同种业界内也快速进行了业种转换。

即便如此，我也没有把这一切都托付给幸运。当我发现这时社会的环境对我而言比较有利时，就开始私下做起动作。其中之一就是努力将当时的服装连锁加盟店拉拢到我们的事业当中。我看着收入额持续下降的服装业，决定选择一个店铺，开始集中攻势去游说了。因为同一个品牌的店主都是扎堆进行聚会的，我想如果先选定一个店铺作成样板，那么其他店也会很容易靠拢过来。

我准备齐了"火星侵攻"加盟店的收益分析表等资料，并且强调了目前这种奇怪现象的根源在于绝对不可能倒塌的父母对子女的爱。那位客户半信半疑，但也明白没有其他方法来克服现状，便决心转行。

"转行真的转对了。其实在现在这种经济不好的情况下，谁还会来买衣服呢？"

"游戏厅的生意真的那么好？"

"真的超出我的想象。"

当他转行并且像预期一样获得好的收益后，他在和以前的衣服品牌店主聚会时，主动为我们当起了说客。那之后的事情也像我预想的那样在发展。那些效益低下无法继续支撑的服装加盟商都排队要来做"火星侵攻"加盟店,这对我来说简直是再幸福不过的事情。当时我们游戏厅的人气,可以从相关服装公司的研讨会上略窥一二:

"我们的竞争对手不是服装业同行,而是游戏厅。"

其实当我开始做游戏厅连锁店时,是肯定没有想过这种结果的。但是我最后却在国家处于经济危机的关头收获了青少年电子游戏厅的大丰收。因为我们在"不幸中的万幸"到来时第一时间抓住它,化危机为转机。

这种变危机为转机的例子,不只是在从事"火星侵攻"连锁事业时期才有的。我开始做咖啡事业后,还不到几个月的时间,又赶上了2008年的美国金融危机。大家都对这种情形一筹莫展,平时与我熟知的朋友,也开始替我担心当时采取的"攻击型营销战略"的前景。尤其是一位看着我从最底层做起来的朋友,就像是担心自己的事业一样为我揪心。但我还是没有停止脚步。虽然我完全理解那位朋友的担心,但是任何的理由都无法让我停下来。也许是我本能地意识到,这是一次能够让我真正变身为企业家的机会。

别人眼中的坏东西,却可能成为我的宝贝。我已经在1997年那场经济危机中切身体会到了这个道理。我没有固执地期待那种幸运会再次降临在我身上。但是我也不完全拒绝这种可能性。我总是一如既往地跟随着自己做出的判断。结果,我再次超越现实,拥抱了巨大的成功,caffé bene的根基也因此变得更加坚固。

冲到最后一刻：
caffé bene领军韩国咖啡市场的秘密

2009年，在caffé bene正式准备播放电视广告时，国家经济危机再次对我施予了"好意"。当时的《9点新闻》和现在一样，开播前的那段广告时间可谓是黄金时间段。但那个时候，因为经济状况不理想而撤出黄金时间段广告的公司非常多。于是，电视台开始实施支付一次的广告费用可以附赠一次服务的所谓"一加一战略"。那对于实施攻击型广告战略的caffé bene来说真是再好不过的机会了。

在那些大名鼎鼎的大企业也都开始缩减广告费用的时点上，一个小小的咖啡连锁公司悄无声息地占据了电视台广告黄金时段，开始了攻击型的营销。对此很多人并不看好。但是没过多久，大家都意识到这是多么合乎时宜的战略了。

危机，总有一天会来找你，每个人都逃脱不了。不过，我们能够在这个旋涡中，寻找到机遇，化危机为转机。遭遇危机就放弃的人，注定失败；战胜危机的人，必定成功。

08 商场上没有永远的成功

那段从未停下脚步的时间，

成为我的能量，

让我在未来

至少还能再青春20年。

我的青春可真是变化无常。尤其是朝成功驰骋的脚步更是迅捷，时常让我气喘吁吁。即便在那条路上遇到了分岔口，我也从未踌躇过。我相信那是青春的特权，我快速选择自己的道路，然后继续驰骋着。回想当初，那些在选择、挑战、变化面前也毫无犹豫，自信地向前出击的岁月，真的是难能可贵。那段从未停下脚步的时间，成为我的能量，让我在未来至少还能再青春20年。

当我思索第二个项目时，餐饮业进入了我的眼帘。餐饮业不只是能获得餐饮连锁店的加盟收益，在连锁店成立之后，还需要持续性地供给食材。只要项目能够持续获利，那就是真正的"双赢"。而且在

冲到最后一刻：
Caffé bene领军韩国咖啡市场的秘密

这个模式下，总部和连锁店之间需要不断地进行沟通，携手发展，这种协同性的结构，深得我心。于是，我开始思考在那么多的餐饮种类中，到底该选择哪一种。有一天，我突然发现了一个好项目。

"社长，我们驿三洞分店附近新开了一家五花肉餐厅，味道不错，环境也很好，有空您去尝尝。"

在同事的推荐下，我找到这家餐厅，结果却出乎我的意料。不只是五花肉，所有的菜品味道都不错，这一顿我吃得非常满足。更重要的是，它的室内装修和一般的五花肉饭店大相径庭。只要稍微动些手脚，就能让这里变成年轻一代的孩子们喜欢的那种素雅大气的空间。而且五花肉是每个人都爱吃的"国民佳肴"，所以受众也非常广，这一点我也点头称道。

当时，这个五花肉店除了驿三洞的这家店外，还有好几个分店在运营。我一家家地去参观，预测了这个项目的可行性。在细致的观察之后，我有了一个想法："我们把它收购了吧。"那个五花肉店虽然已有几家连锁加盟店，但收益并不是很理想。但是我想，只要我们将当初从无到有而且有着超过200家加盟店的"火星侵攻"连锁店的奋斗勇气，发挥在这项事业上，肯定能做出一番成果。于是我开始推进"王五花肉.COM"的收购事宜。

收购"王五花肉.COM"比较顺利。我集中力量去做了已有加盟店面的装修改善，同时发广告开始募集新的加盟店。但当时大部分的五花肉饭店都是在小区的肉食店购买五花肉，然后再来做生意。人们觉得五花肉连锁加盟店非常陌生。

"为什么要做五花肉的连锁店呢？从小区肉食店里割点儿肉做不就得了。"

"你们公司是有自己的秘方，才要招募加盟店的吗？"

五花肉连锁事业又一次引起人们的关注，大家打电话来咨询，而且都不掩饰那份意外。他们的心理我充分理解，我和员工用极大的耐心和热情来讲解说明。慢慢的，加盟店也一个两个地多了起来。

为了构筑起连锁总店和加盟店之间的双赢模式，宣传和广告也十分重要。因为当时正刮起风险投资的热风，我们在五花肉饭店后加上".COM"的字样，便有幸得到了在报纸上整版展示的机会。加盟店因此急速扩张。那些咨询完加盟店事宜之后，直接到商铺里查访的潜在创业者，在看到和既往的五花肉饭店不同的、简洁大方的店铺装修后，都满意地点了点头。

这样大约过了两年时间，加盟店数量再次突破250家。我对餐饮业也多了一份自信。于是，在结束了完善的准备工作之后，我于2002年2月再次开设了秋风岭土豆汤1号店。当时的五花肉饭店大多是100来平方米的店面，如果土豆汤饭店运营到300平方米左右的较大规模，那么就能创造出更多的收益。再加上当时的土豆汤饭店大多数都是24小时运营的解决生计型的夫妻店，菜单上除了土豆汤和猪骨醒酒汤之外，也没有太多新颖的菜品。我相信只要将菜单再丰富一下，一定能迎来更多的客人。我立马组建了一个专门的菜品开发队伍，开始

冲到最后一刻：
Caffé bene领军韩国咖啡市场的秘密

研究咖喱土豆汤、补元气土豆汤、泡菜土豆汤等新的菜品。

菜单多样化取得了成功。但是我们还需要一个主打产品。我和开发组一起讨论了好多次，直接制作、试吃，然后突然想到，如果在土豆汤里放入酸泡菜，味道应该会很好吃。比起放入普通的泡菜，酸泡菜更能增加汤品的味道。

但是很快我们就发现了问题。酸泡菜不像一般的鲜辣白菜和小萝卜泡菜那样能快速制作出来。一般酸泡菜都是在初冬腌泡菜时节进行腌渍，放入缸或坛子里，待第二年夏天取出来食用。如果用鲜炖酸泡菜、酸泡菜土豆汤、酸泡菜五花肉作为我们连锁店的主打菜品，那就需要大量的酸泡菜，可是我们当下很难准备这么多酸泡菜。

酸泡菜是我们做出差别化的土豆汤的核心食材，但是一下子却没法寻到那么多酸泡菜，真是让人头疼。我四处去打听，希望能解决这个问题。

后来，我在议政府农协里工作的朋友金锡打来了电话。他说海南农协那边有大量的酸泡菜。后来我才了解到，那里头一年发生了"白菜暴动"，菜农们以原价不合适作为理由将田地都翻耕了，白菜全部扔了。当时事态十分严重，从农协到泡菜工厂都觉得丢掉白菜太可惜，就都腌渍后，放在低温仓库里储存起来了。这些泡菜，再过6个月就会成为最好的酸泡菜。

当我了解了这个情况后，就让物流中心的负责人韩正安专务去调查一下全国所有的泡菜工厂的地址簿。从韩专务查到的地址簿中发现，将中小型的泡菜工厂都加上，全国共有200个左右的泡菜工厂。我们拿着手中的地址簿一个个打去电话。

"是泡菜工厂吧？我们要购买酸泡菜，你们有库存吗？"

那些工厂接到购买酸泡菜的电话，都觉得像是天上掉了馅饼。原本就处理不掉，浪费着电费，放在低温仓库中保管的酸泡菜，竟然有人说要买走，他们当然要兴高采烈了。而且当时酸泡菜的销路并不好，还有很多3年以上的成熟酸泡菜大量积存。原本在寻找6个月以上的成熟酸泡菜的我们，这下也觉得是上天赐福。

韩专务将全国各地的泡菜工厂中存放的酸泡菜都买了来。我们将那些只通过电话就买进来的酸泡菜计算了一下，竟然也是非常庞大的数量。当然，仅仅购买这些泡菜就花掉了30亿韩元的巨额款项，但是我一点都没有迟疑。因为我对酸泡菜土豆汤抱有很大的期望，就买来了全国的酸泡菜。后来，为了确保持续稳定的酸泡菜来源，我们和南杨州的"巅峰泡菜公司"签订了生产合约。这家公司埋有500个缸，专门制作酸泡菜。合约签好后我看到了埋在南杨州山里的缸。尤其是看着冬天覆盖着雪的缸盖，立马就有一个和广告宣传相关的好主意涌上心头。我们将白雪像帽子一样盖在缸盖上的场景拍摄下来，用到了酸泡菜广告宣传中。广告一发出，就赢得了很大的反响。

"什么是酸泡菜？"

在当时，酸泡菜还是个人们比较生疏的词汇。在酸泡菜事业的起步期，来做加盟咨询的人们都会先问这个问题，可见当时人们对酸泡菜的认知度是多么低了。但是当广告一放出，酸泡菜不知不觉就成了人们喜欢的食品了。到2008年为止，我们又取得了超过400多家酸泡菜土豆汤加盟店的成果。我也因为酸泡菜的成功而积蓄了资金，才得以开始做caffé bene事业。

2005年开始的酸泡菜事业获得巨大的成功，在韩国餐饮界引起轰动。所有韩餐店的菜单上都出现了酸泡菜，几乎所有的五花肉饭店里也都会用成熟酸泡菜和中国产酸泡菜等作为配菜。不止如此，后来甚至还生产出了酸泡菜冰箱。酸泡菜的全盛时代到来了。

从游戏厅连锁事业起，之后的十年里我做了三个品牌，都持续获得了成功，也因此得到了外界的关注。"最受瞩目的三十几岁CEO""餐饮界的点金之手""最叫座的连锁品牌"等华丽的修饰语加诸在我和我的企业身上，让我诚惶诚恐。

但是打开酸泡菜全盛时代的"秋风岭酸泡菜"却突遇瓶颈。还不足3年，曾经风靡一时的酸泡菜就遍地都是，至此丢掉了它的竞争力。这也让我体会到了从事餐饮行业的困难。

我再次领悟到必须要谦虚。我深刻体会到，商场上没有永远的成功，成败也都在一瞬之间。即便开端风生水起，保不齐下一刻就走上下坡路。这种经验变成了珍贵的养分，让我在全新的连锁事业里多了一层对危机的免疫。

Chapter 2

锻造秘密武器，
赢得商场竞争

冲到最后一刻：
Caffé bene领军韩国咖啡市场的秘密

人活着，总会遇到危机，

也因此时常被扔在选择的十字路口。

为了突破危机，

大部分人会朝对自己伤害最小的方向拐弯。

就像我们第一次骑自行车，

感觉到要歪倒时，

总会下意识地将车把转向与歪倒路径相反的方向。

但是，说不定，

真正能保护我们的，是与危机正面交锋，

挺起胸膛彻底打败它。

01 不投入别指望产出

我喜欢投入和产出之间的
那种关系分明。

我知道,
当努力、热情、时间和资本等
决定着投入的若干要素均在增加时,
产出也一定会增加。

相反,没有投入,
就不要期待收获。

创业二十余载,一路走来,我遭遇过两次大的失败。当然,比起那些经历了风风雨雨、卧薪尝胆数十年后才取得成功的企业家,我也许算是幸运的了。但是,失败的次数少,并不意味着我的痛苦就会少。那种粉身碎骨的失败,哪怕只经历一次,就足以比他人痛上好几倍。

冲到最后一刻：
Caffé bene领军韩国咖啡市场的秘密

　　我第一次失败，前面也曾提到，就是我与他人合伙开的啤酒屋。啤酒屋破产后，我度过了相当长的彷徨期。所幸的是，我在一次偶然的机会下重新蜕变，改变思维模式，后来取得了成功。年幼时那份"一切都能做到，一切都能实现"的自信心再度回到心中，我才得以看清楚当下那个畏畏缩缩的自己。也许是太操之过急？或者香槟开得太早了？

　　刚过而立之年，第二次失败又"哐当"一声砸在我的面前，比之前更加刻薄、悲惨。当然，也给了我更深刻的意义。那是我出手做股票投资，结果失败得一塌涂地。我通过"火星侵攻"和"王五花肉.COM"两个品牌的成功，获得了令人艳羡的"青年连锁企业家"的称号，也幸运地挣到了那个年纪很难想象的一笔大钱。但不知道为何，我内心还是对金钱有着一股强烈的饥渴感。

　　也许是因为生来贫困带给我的自卑，也许是出于急欲填补"缺乏"的身体本能，总之，对钱的盲目追逐，最后让我在美丽的圣诞前夕再次变成了穷光蛋。在我的第一项事业啤酒屋餐厅破产时，周围就有很多人劝我：

　　"你创什么业啊，还是老老实实当个上班族吧。"

　　我也知道那是最简单的一条路。而且就凭我那种程度的热情和成功欲望，不论到了什么公司，我都不会只满足于手中分配来的工作。我肯定会主动寻找一些新的事情来做，也会尝试各种大大小小的变化，最后取得一定的成就。这一点，我心里十分清楚。可是，既然在任何领域都要奋斗一番，那么，我更想拥有自己的事业，然后勤恳工作，取得专属于自己的成功。

"年纪轻轻的很有魄力啊？""金社长，听说你是白手起家？"

"王五花肉.COM"连锁店来势凶猛，加盟店数量不断创出新高，周围的羡慕声不绝于耳。尤其是我的背景——从最底层爬上来的30岁出头的年轻人——更加引人注目。不过，在这种氛围下，我也只是得意了很短暂的时间而已。

我慢慢环顾四周，发现自己是那么渺小的一个人。那些生来环境优越的富二代，他们从起点就站在了比我更高的位置上。他们的财富是我无法想象的。我手里的这点钱根本算不上钱，而我取得的成功也根本不叫成功。

"需要均衡的并不是财富，而是人们的欲望。"

如果当时的我能记起亚里士多德这句话该有多好。在我那个年纪上，依旧看不透人间事，我对金钱的执着也是毫无理由的。当我开始算计金钱得失之后，我的眼里就只能看到成功的人了。越是这样，我自己就变得越渺小。富二代们轻轻松松从父母手中得到数十万平方米的土地，可我将自己的全部家当卖掉，也不足他们的十分之一。这个事实让我内心受挫。他们有土地在手，即便只靠租金，也能活得光鲜亮丽；而我却连个像样的爱好都没有，整日在租来的办公室里埋头苦干。多么让人寒心的对照啊！

"没错，趁现在还来得及，大干一场吧！"

冲到最后一刻：
Caffé bene领军韩国咖啡市场的秘密

我怀着一夜暴富的期望，大举进军股市。在距离驿三洞连锁事业总部只有一条街的某商用公寓里，我租下了一间60多平方米的办公室，并且雇佣了投资业务专员。一张大大的办公桌上，摆放着3台电脑和3台监控器。为了模仿证券交易所的电子屏幕，一侧墙面上还悬挂了2台电视。每个小时都在监控韩国经济频道、MBN-TV两个频道，及时收集证券专家的行情分析。这里的一切布置绝对不亚于专业投资公司。我独自待在办公室里时，也会思绪万千，陷入想象的旋涡里，自我陶醉。

"五十多岁时，我的财富一定能进入韩国前十！"

想象演变成一种自信。在它的推动下，我开始整日陷入股票市场里。股市每日早9点开市，下午3点结束。这时我稍事休息，晚上再次打开电脑屏幕和电视机，等待纽约股市开市。

间或有些了解我近况的朋友会带着指责的口吻，质问我为何要碰这个不太懂的股票投资。我心头涌上一股倔强，虽然这是我不懂的领域，但别人不是也在做吗？为什么我就不行呢？而且，与关系着众人利害关系的连锁事业相比，股票投资就是一个人静静地挣钱，内心也更加轻松呢！可是，我的这种毫无根据的乐观，很快就招来了不幸。

"什么？不是这样的啊！不可能！"

赚进又赔的，就是股票啊。可是，我仍然无法理解我的钱在一瞬间缩水。那股无助感那么强烈，就如同刚刚遭遇了一伙抢匪。而我的钱就这样不翼而飞了。而且，我越是感觉委屈、不甘，越是停不住脚步。我开始潜心学习专业知识，试着分析股市行情。可是我的预测从未命中过。

时间久了我才发现，股票不是科学和理性能够解决的事。我心底开始不住地祈祷，我并不求多，只要能达到目标中的那个金额就成。也许是那个祈祷太过恳切了，某个瞬间我突然清醒了过来。

"我现在到底在做什么啊！"

2001年12月的圣诞前夕，我再次变成了穷光蛋。大街上四处飘扬着圣诞颂歌，霓虹初上，无处不彰显着华丽而浓郁的年末气氛。恋人们挽着手臂喃喃细语，一家人结伴幸福地逛着街。可我眼里却是止不住的泪水。连锁事业第5个年头、餐饮事业第2个年头，我的存折见了底。空荡荡的存折，仿佛在嘲笑着我的这段荒唐愚蠢的日子。我沉浸在彻骨的后悔之中，眼泪簌簌地流了下来。

事实上我从刚开始走出股票投资第一步时，就知道那和我平时的性格取向完全不相符。我喜欢投入和产出之间的那种关系分明。我知道，当努力、热情、时间和资本等决定着投入的若干要素均在增加时，产出也一定会增加。相反，没有投入，就不要期待收获。当然，外部环境会带来一些变数，但如果这都是在我能理解和接受的范围之内时，我会欣然认可那个结果。

甚至，在创业过程中因我的失误而带来重大损失时，我也会很平静地接受。因为只要保证不犯同样的错误就可以了，所以我才能洒脱地整理好心情，继续向前走。但是，在股票投资里，这些原则却都行不通。的确，我没有像专家那样透彻的分析能力和充裕的时间，这也是失败的一大要因。但是，即便你再努力，也难以预防外部环境带来的各种变数。在现实面前，除了惊慌，你想不出任何有效的对策。那份惊慌失措的感觉，让我备感委屈和愤怒，继而慢慢变得颓废。

某一天我又突然醒悟了，我明白自己该收手了。如果再被迷恋和欲望拽着走，不只是我，那些一直信任我、跟随我的人都会受到伤害。表面上看还是有着300多家加盟店的稳健企业，可实际资本已经触底了。就这样放任不管，用不了太久，连向客户方付款都成问题。餐饮业如果材料供给跟不上，那么总部和加盟店会一起沉没。正因为我一人的愚蠢，某些人的事业和家庭可能要面临危机。

"他们有何过错？"

我意识到我之前的行动很可能会带来十分糟糕的后果。他们只不过是认真地生产产品，然后交付给我们公司而已。而我的错误行为却可能让他们遭遇晴天霹雳。

在我回家的40多分钟里，眼泪哗哗地流下来，眼前什么都看不见了。活了那么多年，我好像是第一次这样痛哭流涕。当时广播里在介绍一个圣诞活动——某通讯公司承诺，若圣诞前夕首尔下雪，他们就赠送商品。现在首尔在下雪，广播主持人就出题竞猜了，问通讯公司说的大雪厚度会是多少厘米呢？

电台DJ抛出了问题，然后用飞扬的声音欢呼白色圣诞节。当时我正开着车回家，车窗外面下着鹅毛大雪。大雪真是美丽极了。可雪景越美丽，我心里的纠结与痛苦就越明显。

一年中应该最幸福的圣诞夜，我却是在后悔和反省的眼泪中度过。因为我的错误，之前积累起来的一切都瞬间崩塌了。我再次回到原点，回到第一个事业破产后满身债务的那个时节。想起那次绝望到误认为自己躺在棺材里，我就止不住地流泪。

事实上，那天我向公司的几位高管说明了当时的情况，并且希望他们提些建议。他们都是与我共事已久的伙伴，所以比起我的过错，他们更加珍惜我这个人。

"您去躲避一阵吧。先找个地方躲上几个月，情况会得到控制的。"

虽然我预想过这种情景，可亲耳听到他们让我逃跑的话语后，我仍然一阵眩晕。如果这种情况被外界得知，马上就会有很多客户上门来要求结款，所以他们建议我先躲开那种难堪的局面。

我回到家，通宵坐在客厅里，呆呆地盯着墙壁。破晓时分，我来到孩子们的房间，看着蜷着身子睡觉的孩子，悲伤忍不住涌上心头。

"孩子们有什么过错呢？只不过是遇错了父亲而已。孩子们，现在父亲要破产了。对不起啊，我的孩子。"

我躺在蜷着身子的大儿子后面抱着他，就这样想着，没多久眼眶就变得湿热了，枕巾也被眼泪沾湿。我就那样躺了一小时，抹去后悔的眼泪，再次像十年前的那天一样，拿起一张纸。我将那种被逼上悬崖边的绝望感觉，将这段时间的反省，以及未来可能会发生的事情，一一写下来。然后冷静地向自己提出问题。

"金善权,你将来不再做事业了吗?"

不管问多少次,答案都只有一个。我绝对不能放弃事业。

"如果你现在不负责任地逃避了,将来还有什么脸面再开始闯事业?"

问题越多,我的答案越明确,那就是绝对不能躲避现实。如果我现在因为内心疲倦,因为丢脸,而去逃亡,那就真的是将自己的未来葬送了。即便运气好躲过了这次劫难,我这种卑鄙的选择最终也会暴露在阳光下的。即使在这种卑鄙的手段之后再次取得成功,我有脸面去炫耀那份成功吗?而且我要如何向我的员工解释遇到危机时首先顾着自己?我越是质问自己,越是摇头否定逃跑的做法。这是我绝对不容许的事情。

"没错,正面突破吧!"

我在危机面前选择了面对,而不是去卑鄙地逃避。因为我知道,虽然这条路很辛苦,很危险,但是只有通过了这条路之后,我才能真正直起腰杆。没有人会尊重和跟随一个卑鄙的领导。即便这次我不犯错误,将来在做事业的过程中也总会遇到一些困难。困难面前,总会有一些转折点。

如果每次危机状况下先想到的总是躲避,那一起工作的伙伴们还会信任我吗?绝对不会。他们对我的信任会随着我的躲避而瓦解。不信任领导的员工,真的会诚心诚意为团队和公司付出努力吗?在回答这样一个接一个的问题之后，我的答案变得清晰——只要将来我还要继续做事业，现在就绝对不能逃避。

圣诞节过后，我来到公司上班，并且在员工面前清楚地表明了我的意思。然后，我将所有的客户代表都邀请到公司里来，将现在的状况如实地告知了他们。

"在座的各位出于信任与我合作，这次我真的对不住大家了。各位肯定会担心，但是我保证，应该支付给大家的钱我一定会结清。还请大家通融，给我一些时间。"

也许是出于过去生意往来中积累的信赖以及我真诚的道歉，大家都给了我短至6个月、长至1年的时间。在这些同人的理解和关怀下，我再次全心全念地投入到事业当中。

02 面临危机不逃避，正面出击

人们时常被扔在
选择的十字路口。

为了突破危机，大部分人
会朝对自己伤害最小的方向拐弯。

与客户协商好货物结算方式后，我努力忘记过去的华丽。"好的，从头再来！""你一定能做到！"我采取积极的自我暗示，将内心清零后准备再出发。当时留下来的公司职员只有20余名。我摆正了姿态，将自己当作最底层的员工，重新投入到工作中。如同当初策划游戏厅连锁事业一样，像首则广告登出后斜挎着背包四处拜访客户那样，这次我也冲锋在了第一线。

当时公司里有比我更在行的营销老手，但我仍然直接赶到现场。我跑遍全国各地，磨破了嘴皮，向准备创业者解释土豆汤连锁店的发展前景，告诉他们进军餐饮业必须选择土豆汤品种的理由。结束周一例会后，我便去地方待上三四天，然后再回到首尔，这样两地周折的日子真是数不胜数。

当我再次清空内心，往返于经营第一线时，感受到的就不只是辛苦了。好久没活动在前线，这次再次上阵，倒也给了内心疲倦的我一个暂时放松自我的时间。在各地巡回时，我看到窗外的那些风景，不时陶醉，偶尔也会停下车去仰望蔚蓝的天空。虽然一时间犯下了错误，但却没有轻易倒下，这让我感到十分庆幸。

身心获得短暂的放松后，我的手再次拉紧车门，一路向前。就那样，在现场跑了整整1年，秋风岭加盟店也超过了60家，开始步入正轨。我也按照当初的约定将欠下的客户货款全部偿清。也是在这个过程中，我们推出了"秋风岭酸泡菜土豆汤"。开发新菜品的差别化战略，也让我再次尝到了实打实的成功味道。

人活着，总会遇到危机，也因此时常被扔在选择的十字路口。为了突破危机，大部分人会朝对自己伤害最小的方向拐弯。就像我们第一次骑自行车，感觉到要歪倒时，总会下意识地将车把转向与歪倒路径相反的方向。

但是，我们凭本能做出的行动，有时候反而不会保护我们，更多的是带给自己伤害。说不定，真正能保护我们的，是与危机正面交锋，挺起胸膛彻底打败它。我们骑自行车时也是如此，当车子要朝一侧翻车时，快速放开把手任其倒下去，自己才能瞄准时机跳车。

我在最恶劣的情况下做出了最艰难的选择。但从结果上看,那却是对我以及对所有人来说最好的一种选择。承认自己的错误,放下过去的荣耀和成果,学会谦虚,反而成为我东山再起的最好的起点。以前让我变得智障的那些修饰语——"白手起家、霸气十足的青年""年轻有为的青年""了不起的青年企业家"等,直到将它们统统丢进了垃圾桶,我才真正鼓起了从头再来的勇气。

我在员工研讨会和学校讲座上,经常谈起当时遭遇的这种痛彻心扉的经历、我的抉择以及领悟。自己张口说出这段过去,多少让我感觉有些羞愧。但是对我来说,那一段时光就像疫苗接种般珍贵。正是体会到那种彻骨的疼痛,我在之后的日子里才不会重复犯下同样的错误。虽然当时做出那种选择很艰难,但最终我做到了。我通过直面危机,赢得了昂首挺胸踏上企业家道路的资格。

03 让我生存到最后的秘密武器

我努力让自己时刻保持紧张感，
冷静观察，把握住事情的现状和本质。
从充满着紧迫感的幼年时期，
我就养成了这样的习惯。

我会提前清查，
并且为了淬炼自己，
不断打造我独家的秘密兵器。

从小热爱读人文类书籍，这算得上是我独特的自我开发方式了。年纪轻轻时便与人打交道，摸索做生意之道，这让我很自然地对"人类本质"和"心理"产生了兴趣。再加上本来家道贫穷，我对成功的渴望和对幸福的希望就愈发强烈。但是，并不是有了这种意愿就能立马实现，我就一边读着与人际关系相关的书，一边梦想着将来。上小

冲到最后一刻：
Caffé bene领军韩国咖啡市场的秘密

学时我也会利用短暂的课间十分钟看一些相关图书。

不知从何时起，我看书的动机发生了变化。读书，不再是出于当初那种茫然的期待心理，而是发自内心地想要了解和挖掘出某种本质的东西。譬如现在，我也是看一页书要消耗一天的时间。读到能震撼心灵的句子时，我会一遍遍地重复阅读，来细细咀嚼其中的韵味。为了刻在心底，我就像修行一样反复念诵同一句话。在这种习惯之下，我又养成了倾听多家言论，然后独自整理消化的习惯。同样的一件事，二十多岁年轻人的见解和老人给出的建议，就各有不同。每当这时，我就会问自己：

"是因为现在的我还不够成熟，才和他们的意见有差异吗？真的只是时代差异导致我们视角不同吗？"

我想着自己提出的问题，转头看向书桌和墙壁。我企图从之前写下的各种句子中，找到这个问题的答案。这种省察的时间对我来说十分重要。即便到了现在，我也时常感受到生存的压迫感。所以，我经常这样跟周围的人说：

"公司随时可能因为外部环境的变化而倒闭。所以，我总是感到不安，时时处在紧张中，不敢放松。"

我总在公开的场合去强调生存的重要性。而当我公开说出这种想法后，最经常被问的一个问题就是"人生的终极目标是什么"。而我的回答只有一个。

"活到最后一刻，这就是我的目标。"

我说这句话意在强调维持企业持续性发展的难度。caffé bene 在2010年的销售额突破了1000亿韩元，2012年突破了2200亿韩元，2013年的目标销售额也计划突破5000亿韩元。我虽然非常喜欢数据型的目标，但任何数字都不是轻易完成的，所以其实我很畏惧。

"我真的能做到吗？"

我曾经小有成就，但也尝过失败的苦涩，所以即便现在的事业势头很好，我也要一直谦虚下去，这就是我的命运。我心中不安，担心下一刻会再次走向下坡路，而且周围变数无常，这让我总是无法放下心头的紧张情绪。这种不安和紧张有时也会变成我心头的一种危机感。我很清楚，现在的自己基础还十分薄弱。

"caffé bene不已经是最棒的了吗？"

"最棒？绝对不是。咖啡的品牌本来就很多，我们也只是在数字上排到第一而已，真正的市场占有率才百分之十几而已。这怎能自称是成功呢？"

这绝不是谦虚的话。大企业处处在布阵，海外品牌也跟我们争得你死我活。我们没有靠山可以依靠。这是所谓的"背水之战"，只能拼了命死里逃生，我怎会不紧张呢？

我努力让自己时刻保持紧张感，冷静观察，把握住事情的现状和本质。从充满着紧迫感的幼年时期，我就养成了这样的习惯。刚开始做连锁事业时，周边也没有一个人能够帮助我，这也让我感受到了又一轮的紧迫感。在我的意识里，除了我自己，没有人能帮我。这种想

冲到最后一刻：
caffé bene领军韩国咖啡市场的秘密

法迫使我努力去事先感知各种未知的不安因素。

我很清楚，现在外面也有许多关于我们公司的传闻。可我的第一反应不是愤怒，我首先做的是清查。举个例子，若外面传说我们公司无清偿能力，我就会彻底检查这是否属实。若检查发现的确没有清偿能力，那就意味着我和caffé bene的命运走到尽头了。所以，我会提前清查，并且为了淬炼自己，不断打造我独家的秘密兵器。

秘密兵器1 摘录书中名言，录制原声录音带

（前略）美国伟大的心理学家威廉·詹姆斯这样说：我们这一代最大的发现就是，一个人可以借着改变自己的态度来改变一生。我不会再傲慢了。我不会再一味发号施令，我也要从最底层开始做起。我要实施自己之前计划的任务。现在！立刻！马上！我要做一个爱笑的人。我要在心里呼喊着YES、OK，YES、OK，创造我自己的人生。失败的最大原因，就是在短暂性的失误面前快速死心。（后略）

最具代表性的武器就是我用原声录制的录音带了。我读完一本书就会进行摘录。摘录的内容通过第二阶段的整理，删除自己不认同的内容，制作出最终的摘录本，然后自己用原声进行录音。现在因为有

了智能手机，可以直接用手机进行录音，并保存在手机中。但在过去的那个年代里，是需要用盒式录音带进行录音的。

通常60分钟时长的录音带可以录制3～5本书的内容。开车上下班的路上，在公司稍事休息的空当，或者夜晚入睡前的10分钟，都可以像进行冥想般去听一听录好的录音带。这样反复听着录音带，就会感觉它里面的内容钻进我的身体里来，随着我的血液，途经我的大脑，然后震动我的心脏。

但是这样反复收听，也会产生一些问题。即本人对这种模式开始变得熟悉。举个例子，我们平时听流行歌曲磁带，反复听多了就会知道下一首歌曲是什么，歌词是怎样展开的。我的录音带也存在这个问题。当录音内容变得耳熟能详了，注意力就会下降。每当这时，我就会自言自语，时而表示愤慨，时而规劝自己。

"不错，这可是前所未闻的说法，看来只要我照着做，就一定能成功。"

我通过自我暗示来控制注意力，然后催眠自己——别停下来，时刻改变自己，朝着目标直行。

这样反复听磁带，能找到一种类似冥想的感觉，能感受内心的平静和慰藉。我从青年时期开始制作这种录音带，倾听，想象，感受，然后发现价值。别人读完就过的文章，我总会挖掘到一些打动我的句子，并且停下来，充分去体味，然后注入大脑里，完全变成我的东西。这种行为弥补了我的不足，改变了原来那个极度平凡的我。

冲到最后一刻：
Caffé bene领军韩国咖啡市场的秘密

举例说，"失败是成功之母"。这种听得耳朵都起老茧的名句，很多人都当成了耳旁风。甚至有些遭遇比我还凄惨的人都是如此。可这真的是非常重要的教训。我们总是会错过一些珍贵的东西。当时，我一有空就拿来录音带反复听，有时会开着录音机睡觉。我期待着磁带里的某句话进入睡梦，带给我灵感；或者变成回音，萦绕在我的脑海中。

我们听同一首歌曲，也会根据彼时彼刻的心情、天气等产生不同的感觉。听录音带也一样，也会在不同时段产生不同感受。工作不顺或者极度劳累的时候，某些句子可能正好说在心坎上，让自己产生巨大的能量。虽然它不会带来本质性的变化，但是却能成为动力和安慰，让我们看待某个问题的态度和对人生的姿态，朝着肯定、积极的方向发展。

那种处事不惊的危机应对能力，是需要在平时培养的。所以，我平日里频繁地听录音，武装内心，模拟危机训练。

创业初期，我从很多句子里获得勇气和力量。"我们这一代最大的发现就是，一个人可以借着改变自己的态度来改变一生。"我用录音机一遍遍地听着这句话。

录音机里在放："一艘没有航海员的船，有时能歪打正着快速到达目的地，但更多的是随时沉没。"这是我最认可的内容之一。准备不够充分、计划不够周全的成功总是很难坚持太久。我这么多年的感受就是这样。我周围有不少前辈和晚辈在到达成功的高点后，立马急速坠落。我自己也经历过两次这种坠落。所以，我们要自己掌舵，在航行在"人生"这个茫茫大海的船上，提前为下一刻做好准备，彻底规划好全程的路线。这就是我的第一个秘密兵器。

秘密兵器2　书桌上写满决心和目标的写字板

2012年我承诺：

1. 我要用一颗温暖的心对待我的同伴。

2. 确保公司备用金，这是我的命脉。

3. "2015年成长为大企业"是其次，"生存到最后"更重要。

4. 完善企业社会责任，建立人才储备机制。

5. 警惕自己对直营店开设数量的偏执。

6. 敌人不在外面，而是在我的内心。

7. 我的任何一个愚蠢判断都会毁掉公司。

8. 我一定要记住我最后的这一天。

9. 我总在当下去行动。

我的第二个秘密兵器就是书桌上摆放的小小写字板。写字板上明确记录了我的9个决心。每年的1月1日我都会更新它。这里面还有十年不曾改变的信念，一直照亮着我的书桌。也许在我人生中的最后一刻，它也会成为我的指路灯塔。有时候我也会加入当年的实践目标。第二行我是这样写的："确保公司备用金，这是我的命脉。"

当然，我坐在书桌旁看写字板的时间并不多，而且那种时间多了也不行。如果真那么闲暇，反而更奇怪了。但每月总会有那么一两次，我将写字板放到眼前，仔细盯着看。其实那些决心早已一年365天、每天24小时地刻印在我的脑海里。所以，在决定性的瞬间，它会突然冒出来，成为我的秘密兵器。

在外人眼里，这只不过是摆放在书桌上的写字板。可对我来讲，它却是人生的灯塔，指引我做出最合适的选择，进行最正确的投资，设定最公正的判断标准。

秘密兵器3 我人生的指南针：人生错误笔记

人皆言："升平之世，何汲汲于筑城乎？"予则以为不然。安不忘危，为国之道，焉有寇至，然后筑城之理乎？

——世宗大王

我在我人生的各个角落都安置了这种指南针。不只是书桌上，我还会放置在衣橱里、床边上、钱包里，以及心中，时常设定我人生的方向。我还会在心底呼喊：求你一定要记住，全身心地集中于目标，你越累，离成功就越近！只要我下定决心，这种省察的时间想要多少就有多少。省察可不只是修道院或者深山寺庙修行者的专利。

如果想让省察的效果更加实际，也可以制作一个"人生错误笔记"。我有个习惯，不只是在本子上，在任何的纸上我都会做记录。这个记录不只是记想起来的绝妙方案，也不只是摘录书中的话语。有时候我会针对自己的失误写下一些感想和评价。

我不只是用脑袋想，我会用笔记下来那些失误，这样的记忆效果更明显。就像学生自制错题本，警惕自己犯下同样的错误，我也将自己的行动和思想经过审视之后做成错误笔记。

苏格拉底在阿波罗神庙前看到"认识你自己"的句子后，强调了省察对于人生的重要意义。这句让你了解自己的话，不只是"我是谁，多大，住哪儿"这么简单。苏格拉底为了让人们深入到自己的内心，提出了很多的问题。对那些热衷于钱权名利的人们，他警告说："未经省察的人生没有价值。"

省察的习惯既是自我安慰的冥想时间，也是冷静透彻的评价瞬间。前面我提及过整理习惯。整理的习惯也自然过渡到了自我省察中。我的这些习惯，在临危之际总会对我大有帮助。不管面前的状况多么艰难，我都不会彷徨无措，我努力维持着冷静的姿态，无论如何都要找到问题的突破口。而省察也成为我的动力，即使一路荆棘，我依旧朝着目标迈出踏实的步伐。

04 管理你的消极思想和情绪

我在遇到特殊状况时,
如果看不到前进的空间了,
就会全部整理、打包,
然后放入我内心的抽屉里,
埋葬。

抽屉,人们用来整理和保管某些东西的地方。打开抽屉,有些人井然有序地摆放自己的物品,有些人则杂七杂八的东西都胡乱往里塞。不管怎样,抽屉就是整理东西的"空间"。

我有非常多的抽屉。在那些抽屉里放置了我很多的眼泪和叹息。我在遇到特殊状况时,如果看不到前进的空间了,就会全部整理、打包,然后放入我内心的抽屉里,埋葬。如果后续又要产生和它相关的想法时,赶紧再打开抽屉放进去。它可能是朋友的背叛,也可能是客户的隐瞒，总之在面对这种会引起情绪起伏的事情时，我是——用最近的流行语来表达——十分"酷"的。

为什么要"酷"呢？因为如果不这样，我会变得很累。心中像碳酸饮料一样不断上涌的愤怒、失望、眩晕，这些东西会拖累我，让我无法走得更远。泰戈尔说，如果你因为失去了太阳而流泪，那么你也将失去群星。我还有要实现的目标，还有自己的梦想。即使我一刻不停地向前赶，都觉得时间不够用，怎么还会被过去的事情绊住脚呢？在朝着梦想前进的旅程中，那种负面想法只会成为我的挡路石。

当然，我也不能不整理自己的思维和感情，一味地去掩盖。那样只会在日后引发更大的悲剧。某个瞬间压抑住的感情日后会突然爆发，不然就会憋出内伤。我不希望出现这样的情况，所以我会先用自己能够接受的方式来整理它们。这可能是某种程度上的妥协，可能是无条件的原谅。不管选择什么方式，虽然我失去了当下，但我得到了未来。

已经发生的事情无法挽回，所以已经开始整理的问题，就必须有个结束。反复纠结那个问题，让自己沉溺于不快的感情中，这是愚蠢的行为。当我发现自己的大脑又要旧事重提时，会马上打断这个想法，转移话题讨论其他事情。虽然做到这样很难，但一旦变成习惯也会变容易。刚开始为了遗忘一件事，你要绞尽脑汁。但这种事遇得多了，遗忘就会变成习惯。

之所以我比别人更擅长这一点，与我自身的性格不无关联。另

冲到最后一刻：
Caffé bene领军韩国咖啡市场的秘密

一方面，我年幼时经历的各种事情，也让我得到了锻炼。自小我就爱笑，很活泼，哪怕只是面对一件小小的琐事。有时候我不合时宜的积极和乐观，让我自己都感觉很四次元（四次元，一般指四维空间。四次元生物是出现在幻想小说里的神秘莫测的生命。韩国人形容那些思维不循常理、反应出人意料的人就说他"很四次元"，意思近于"莫名其妙"——编者注）。别人感觉很受伤的事情，我丝毫不觉得难过，有着乐观积极的性格。比如，得知某人说自己的坏话，大部分人都会内心受伤，可我完全不在意那些东西。

我小时候的生长环境，比任何人都脆弱。我敢说，如果要一一列举的话，甚至可以说得上很悲惨。穷乡僻壤里辛苦维持生计，幼年丧父，什么样的苦没吃过？因为家里穷，遭到不公正待遇的事也不是一两次。尤其是在生长环境方面，我的条件更可怜。小学时一放学回家，就奔到农田里帮妈妈干农活。虽然没有人强制我这么做，但幼小的我知道这是我应该做的事情。

偶尔还背着喷雾器在农田打农药。20分钟后，我就需要背着喷雾器到小溪边装水，然后回来继续打药。有一天我脱了鞋，光着脚走进小溪，结果被碎玻璃扎破了脚。因为是在干活时一脚踩上去的，所以伤口划得非常深。

小溪水瞬间被鲜血染红了，我痛得浑身抽搐。可附近没有医院，而且家境也不允许我为这点儿伤口去医院或者药店。我忍痛从脚上拔出玻璃碴子，向母亲那里挪去。家里也没有像样的药，只能用火烤伤口来消毒，然后拿绷带扎紧，这已经是最好的方法了。

现在再想起那件往事，感觉十分可哀——为什么当时不能接受到正规的治疗？但是在当时，这种事情接二连三发生在我身上，都不觉得伤心了。而且我也总是很努力地去尽快遗忘这种悲惨之事。

也许是这种事太频繁，反而让我变得麻木了吧，抑或是我在伤痛和苦难面前自我保护的一种防御手段。不管怎样，小时候的那种训练，对成年后的我——尤其是走上创业之路的我——起了很大的作用。

作为企业家，一定要擅长"精神控制"。很多时候，不想笑也得笑，再生气也要隐忍，还要果断斩断过去的失误和经历。"我当时为什么那样做""真不该信任那个人的"……一旦陷入这样的感情纠结中，你前进的步伐就停止了。

当内心混乱时，我会用自己的方式一一化解。这就是我的"精神控制"秘诀的第一步。当问题发生而我无法化解时，我就睡觉。如果自己无法承受那份苦痛，最可取的就是停止思考了。其中最好的方法就是睡觉。当然，在那种情况下入睡其实很困难。即便如此，我还是会像玩挺尸游戏一样，摆好姿势老实地躺着，慢慢的身体和内心就会平静许多。这时，我朝我全身的细胞施咒：

"停止吧，停止吧……"

一个小时，两个小时，早晚能够睡着。等一觉睡醒之后，原本混乱的心就变得受控制了。

"精神控制"的第二个阶段就是"写在纸上"。我并不将所有的事情都揉作一团丢进抽屉。我会整理得干干净净之后再放进去。这时需要做的就是写了。温斯顿·丘吉尔也曾将"写在纸上"作为远离烦恼的秘诀推荐给大家。他这样说：

"想理清自己的思想，就写在纸上。哪怕只写了无数烦恼中的一半，也会有所帮助。如果你写下六个，其中三分之一会消失，剩下的两个会自行解决，最后的两个就是无法解决的了。那么，我还有何必要再去担心它？"

先好好睡一觉，然后将缓冲后的情绪客观地写在纸上。在这个阶段里，于我无益的耗损性情绪就会消失。我再根据这个筛去无须以情绪面对的客观化事实，决定之后采取怎样的态度。即使它无法带来最好的结论，但也是我用心思索的结果了，我会接受这个现状，然后全部整理后放进抽屉。而且就像丘吉尔所说，我自己无法把控的东西，就没必要再为之苦闷了。只要整理好情绪，然后藏起来，这就是最佳的选择了。

上面提到的两种方法，都是我在数年的历练之下总结的精神控制法。但我要强调的是，解决问题最好的方法是事前小心，不让问题发生。我不会放任那些连我自己都无法接受的荒唐之事发生。不论是工作还是人际关系，我都会事前划好界线，杜绝最恶劣的情况发生。

在事情将要扩大升级之前，我会提前整理好。比如，如果有人想通过不正当交易获取个人利益时，我会在那件事发生之前警告，稳住局势。若他无视警告一意孤行，我只能是整理掉与他的缘分。也许我们一路同行若干年，那这种举动铁定要伤感情，为了避免更大的损失和伤痛，必须快刀斩乱麻。

藏入抽屉里，并不代表我内心怯懦或者优柔寡断。反而因为果断整理了人际关系和交易关系，使事态得以控制。也正因此，我才能时刻将状况维持在自己的承受范围内。

另外，对于已经发生的事情，我首先会努力去理解那个人、那件事。尤其是由人际关系引发的问题，怀有一颗体谅对方的心，也是最后让自己的内心得以解脱的最好方法。说不定对方也有不得已的苦衷，而我总是尽我所能去理解别人的状况，这也是保护自己的最佳选择。

等时间流逝，再回头打开抽屉看时，发现即便那不是最佳的处理方法，也是我挣扎了很久后做出的决定，我也不会后悔。我内心的抽屉里虽然装满了眼泪和叹息，但那里也是我的隐身之处，犹如母亲的怀抱。它还是个沉默的建言者，帮助我在确定目标时，以及为目标奋斗的过程中，做出一个个不会后悔的选择。

05 懂得畏惧，才有成长的空间

在我创业的20余年里，
直到今天为止，
心中那份"倾家荡产"的不安感
从未改变过。

没有人会知道，在我创业的20余年里，直到今天为止，心中那份"倾家荡产"的不安感从未改变过。唯一改变的是，我变成了一个无法向他人坦露那种畏惧情绪的人。

比如，将2005年的我和2012年的我对比一下。我在2005年已经做出了一定成绩，而2012年，公司规模和资产又发生了翻天覆地的变化。可不管是当初还是现在，"倾家荡产"的畏惧都同样的大。可我心里清楚，"正是那种畏惧才让我成长"。很多人将畏惧、担忧看作负面情绪，主张要将它引导到积极的轨道上。但是对我来说，如果没有这种畏惧心理，我就不敢保证会有现在的自己。

其实，不管你是否成功，都无法摆脱对失败的恐惧。也许下一刻，我的人生就彻底垮塌了，我的存款全部成了泡影，我被公司裁员，我高考落榜后沿街乞讨……在这个社会中，抛开身份、年龄、地位，心中没有丝毫畏惧感的人，绝对不到0.001%。

我不认为心存畏惧有什么错。反而没有任何担忧才是真正的问题。如果我们心中承受的各种担忧和畏惧，能转化成提前准备和及时应对的动力，那它们就是无穷大的资产。我不是能够预测未来的算命先生。一杯咖啡也要用漫长的时间和无数人员的努力，经历多重工序之后才能端上桌子。在这个过程中，随时可以发生任何类型的突发事件。犹如人生，处处都潜藏着不安的危机。万一巴西的咖啡栽培农庄发现了有害物质，我该怎么办？这种假想剧本在我脑海里一遍遍上演。而我需要思考出那种情况发生时的对策。

不只是这种外部的危机，我的内在时时发生着什么样的变化，也需要细细勘察一番。我做着这种大规模的事业，是不是心里有点骄傲了？那种傲慢是不是让我错过了某些好主意？

当然，任何一个人生都不可能与我相同。也有人毫无畏惧，全心全意打拼着自己的人生。但以我的经历来看，怀有适度的畏惧感，养成预想并提前应对各种负面情况的习惯，是我们大部分人用来预防瞬间的"倾家荡产"、提高幸福指数的方法之一。

出于担忧，我在工作中设置了很多安全措施。譬如在企业经营方面，企业的血脉——现金，消除组织矛盾的安全措施，公司战略和发展规划中的安全设施，我都会随时确认和调整。

另外，在生活中，我也准备好安全措施，以免丧失节奏感。这种措施就是"上进心"。人们在环境变化时容易打破节奏，变得堕落。不采取抓住节奏感的安全措施是不行的。比较典型的例子就是彩票中奖者了。看一下他们的人生，大部分都没有因此变得幸福。最后他们会将中奖的金额悉数花光。对于那些没有做好准备的人，突然间拿到成百上千万的现金，这就像将钻石交给儿童保管一样不安全。如果他们在中奖之后能够不忘过去窘困的生活，不忘过去脑海中的想法，以及对金钱的珍惜，就不至于会得到那样的结果了。

那些白手起家的人也一样。当世人纷纷投来羡慕和崇拜的眼光时，他们会沉浸在赤手空拳打天下的自豪感中，开始变得自负："没错，我本来就和别人不同！"这时就需要一个能够稳住内心的安全措施。不论成就大小，这种"努力保持初心"的安全措施是自始至终都要具备的。

我自己还有个内心安全措施，就是区别自信和傲慢。这二者到底有什么差异？我日思夜想，终于得到一个八九不离十的结论。当我开始新的项目时，如果我能听得进别人的建议，这是自信。相反，如果听到别人提出的建议，我随口回复"嗯，行了。我知道那个"，这就是傲慢了。我相信，如果我能保持初心，5年前的我、现在的我以及10年后的我，虽然表面上有所变化，但更重要的那个心中的"我"不会改变。

06 我的人生我做主

每当我需要
自我激励和训话时,
就拿起树枝。

那既是激励,又是命令,
同时也是对我自己的测试。

"挣了那么多钱,也是时候打打高尔夫,享受下人生了吧?"

很多人感到疑惑的一点,就是我不打高尔夫球。现在高尔夫球已经冲破了成功人士的界限,变成了大众爱好。可是,我不只不向前跨步,反而后退一步,这让人们不得不好奇。

"即便是为了事业,也要打高尔夫啊。只有那样才能积累人脉、扩大社交圈啊。"

并不是我不知道高尔夫球对于事业的作用,而且适当的运动也有益身心,没必要非得拒绝它。但是我不打高尔夫球也是有自己的考虑

冲到最后一刻：
Caffé bene领军韩国咖啡市场的秘密

的。我的性格如此，当我感受到对某种东西的兴趣时，我会完全陷进去。高尔夫球肯定也不会例外。

当我走进高尔夫球场的瞬间，就意味着不打到职业选手的水准我不会罢休。我做任何事都要努力达到某种境界，届时我也会研究高尔夫球对事业层面的影响，兴许我会建造一个高尔夫球场，再研发一款新的高尔夫球杆。当我看到一样事物时，会自动将全部精力投进去。这是我的一个优点，也是一个致命的弱点。

很幸运的是，我在这二十多年的岁月里只关注了事业，也从中收获了幸福和愉悦。而未来的二十年，我还有充足的能量集中精力做事业。当然也有人会问，那样工作起来没个尽头，难道你不觉得累，不觉得腻？不会。因为对我来说，事业既是工作，又是休息。我在事业中完成的一件件成果，就是消除内心矛盾的水，是带给我甜蜜口感的果实，是解除我全身疲劳的小憩。

当然，我也有自己的兴趣爱好——闲暇时在家中看上一部电影。但是为了避免自己陷得太深，我会启动体内的自动警报装置。一部电影我可以身心愉悦地去观看，当我想看第二部时体内的警报器就会响起，我赶紧呵斥自己："这样不对！"

有人说这样对待自己过于严苛，但能掌控自己的最强力量就是"我"啊。终有一天我也能放任自己打高尔夫球、看电影，直到腻烦，但那不是现在。我还需要继续向前迈步，为了在这个过程中更投入，我就不能在错误的地方浪费精力。

这不是说打高尔夫球和看电影是错误的行为。每个人的活力、能量来源都各有不同，只是我认为，像我这种容易沉陷的人涉猎过多的兴趣爱好，会给本职工作带来阻碍。一旦得出这种判断，就必须严于律己，这才是正确的选择。

中国古代的思想家和道家始祖老子曾这样说过：

"知人者智，自知者明。胜人者有力，自胜者强。"（老子《道德经》第三十三章）

如同老子所言，能正确认识自己，然后战胜自己的人，才是真正聪明强大的人。别人建议我"为了事业打高尔夫球"，但那和我的意志不相符，我就需要果断地把它向后推延10年。再好的良药，用错了地方，就会变成毒药。

如果要成为自己人生的主人，就必须先战胜自己。现在我仍觉得做到这一点不易。我还是会被自己拉着走。我定好的原则，仍会有无数次被自己推翻。但是，躲在各种理由后面，任自己随波逐流，是更卑鄙的行为。不管自己有多少缺陷，我都要尽力去弥补。没有比努力更耿直的事情了。而在这个努力的过程中，我们需要做出选择和投入。既然凭有限的金钱和能力能够获得的东西也有限，那我还是选择自己更想获得的东西，全身心投入到其中吧。此外，我还要用同样的果敢，来屏蔽掉这件事以外的任何事物。

我从上学时就开始像街头叫卖的小贩一样，到处上门去推销生活用品。在那时，我就已经抛弃了同龄人该有的各种享乐，没有频繁的聚会，没有结伴同行的旅行，没有像样的业余生活，我唯一有的就是朝目标不断奔跑。从小我就比较坚决，而且为了让自己变得更加坚决，我也在不断努力着。另一方面，我的坚决也得益于童年的遭遇。因为父亲的早逝，我很早就有了一个觉悟——能够统治我自己的最大力量就是"我"。

小时候，只要我确定了目标，就会不断去挑战，而且乐此不疲。在那个过程中如果稍有懈怠，我就习惯用树枝抽打小腿。我拿树枝的初衷是进行"自我激励"，提醒自己"清醒一下""接下来好好干"。可树枝打过后身体感受到钻心的疼痛，事情与我的初衷相悖，变成了"苦痛"。身子被抽得生疼，我的思考也随之变得更深刻。

"原来，这次我真的做错了啊，那接下来真的要好好干了。""清醒一下！你现在在犯错啊！""就你现在这个样子，能得到你想要的东西吗？"

此后，每当我需要自我激励和训话时，就拿起树枝。当然，这种事情也不是经常发生，也没有严重到抽打出伤口。不过这样做效果确实明显。而它与平日里母亲和兄长的数落意义是截然不同的。

我教训自己，是因为自己在定好的目标下，没有全力以赴，所以要督促自己。那既是激励，又是命令，同时也是对自己的测试。这种自我测试延续到青年时期，一点点带给我变化，也让曾经"缺乏"的我站上了今天这个位置。

事实上，像年幼时的我那样，用树枝自我体罚，绝对是不平凡的自律模式。但是这种方式却非常适合我。成年之后，我才能更娴熟地规划、监视、实践自己的人生。我不建议大家都通过这种方式自律。在计划中的事情顺利进展时，你也可以送东西给自己作为奖励。没完成或偷懒时，你也可以选择更温和些的自我责骂和激励方式。不管选择哪种方式，找到最适合自己的那种方法，严以律己，真正成为自己人生的主人，这才是最重要的。只有这样，你才真正有资格说"我的人生我做主"。

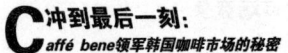

07 有些东西决不能放弃

人在商场，

有些时候为了守住"信念"——

这个比金钱、时间、努力更加宝贵的东西，

需要做出"美丽的放弃"。

就如同制陶工打碎自己不满意的陶器一样。

影视剧中偶见制陶工打碎所有成品陶器的场面。乍看上去，那些陶器毫无瑕疵，可在制陶工的眼里它们的细节不过关，就是残次品。用一般人的眼睛来看，这是很难理解的行为，但是制陶工有自己对艺术的信念和追求，毁掉残次品，也许就是他为维护信念做出的最佳选择了。

"从这一刻起，caffé siru项目全面停止。理由只有一个，caffé siru可能与caffé bene产生竞争。"

也许是因为那段时间的紧张，我的声音有些颤抖。caffé siru原本是家年糕店项目。在我一语落地后，那些为此准备了一年的伙伴们，脸色差到了极点。尤其是为caffé siru投入诸多心血的尹恩庆组长，脸色苍白。

就在当时，caffé siru项目的菜品开发、工厂建立、商标注册和店铺装修风格都已基本完成了。在这种万事俱备、只欠东风的品牌上市关头宣告项目夭折，就如同制陶工打碎陶器一样，是件令人痛心疾首的事情。但是人在商场，有些时候为了守住"信念"——这个比金钱、时间、努力更加宝贵的东西，需要做出"美丽的放弃"。

我在caffé bene加盟店快速扩张，逐渐进入成功轨道后，于2010年夏天开始着手准备副品牌。我对比了若干种饮食项目，其中引领着"健康饮食"新概念的年糕引起了我的关注。我脑海中浮现出将花样繁多的年糕、东方的茶、西方的咖啡混合销售的年糕店。因为我一直坚持着不做与caffé bene类似的饮料品牌的信念，所以我要拿着菜单一一比对判断。

"在caffé bene里有意大利冰淇淋、烤面包、华夫饼和饼干，但年糕店里有年糕。

"年糕店里有米酒、柿饼汁等比caffé bene种类更齐全的传统茶和饮料。"

我心底已然被这个项目吸引住，与caffé bene的比较越深入，两者之间的差异感觉越明显。我趁热打铁，连品牌的名字也定好了。将销售茶和饮料的"咖啡店（caffé）"和蒸年糕用的"蒸笼（罗马音标注为siru）"结合在一起，就叫caffé siru。

冲到最后一刻：
caffé bene领军韩国咖啡市场的秘密

"太棒了！如果说caffé bene是欧美风格的咖啡店，那么caffé siru就是能展现我国传统味道的年糕店。"

caffé siru的最初构想是这样，只要顾客下单，就即席为客人用小蒸笼蒸年糕。年糕是以大米为主材料制作而成的健康食品。如果和饮料搭配在一起，能立即成为一顿完整的饭食。我甚至为这样的搭配模式暗自窃喜。我相信自己的判断，于是开始着手准备了。在几个月的时间里，综合年糕专家、食品营养学教授、传统食品研究学者的建议后，完成了菜品开发。当时参与到caffé siru菜品开发中的各位专家们也对此给予高度评价。

"如果caffé bene运营起年糕店，对年糕和传统茶的市场也将起到推进作用。""利用咖啡店的概念来吸引年轻人，借此推广传统的年糕文化和茶文化，真是好主意。""肯定会像caffé bene一样成功。"

caffé siru的准备工作就这样激起了大家的民族自豪感。在我眼中，只要我们能持续购进大米，就会对农民有所帮助，而且顾客也能摄入更健康的食物，这是大家共同受益的项目。

作为caffé bene名声的一种延续，caffé siru成为在长达一年的时间里共投入10亿韩元的庞大项目。工厂建设、菜品开发、店面设计、物流体系整合等，一个全新品牌的所有准备工作都顺利完成了。可就在发布的前夕，品牌却遭遇了"停止处分"。原因很简单，"caffé siru可能与caffé bene产生竞争"。

我们从打响第一枪起，就做足了准备工作，也定期召开项目讨论会。可就在为品牌上市而召开的讨论会上，事情出现了转折。那天讨论的主题是"要让消费者对caffé siru留下怎样的印象"。是让消费者感觉caffé siru是一家"咖啡店（caffé）"，还是让大家记住它是"年糕店（siru）"呢？大家你一言我一语，讨论十分热烈。就在这时，一位高管的意见敲醒了我，让我濒临精神崩溃的边缘。

"从销售的层面上看，将caffé siru定位成咖啡店比较有胜算。比起年糕的需求，咖啡和茶品的需求要大很多很多。但是一旦将caffé siru定位成咖啡店，那就有了和caffé bene在顾客层面产生冲突的危险。"

没错！在那一刻之前，我一直将最重要的东西给忽略掉了。我一句话也说不出来，闭上眼睛，眼前浮现出一个虚拟场景。我要站在顾客的立场上，来看一下caffé bene和caffé siru。

"我们去喝茶吧。""好啊。但是要去哪儿呢？caffé bene？""caffé siru怎么样？那儿还有年糕呢。"

刚想到这里，我就使劲摇头了。一旦顾客开始在caffé bene和caffé siru之间犹豫，它们就已经竞争了。当然，从法律上来讲这是毫无问题的，项目之间彼此也不重复。只是，caffé bene和caffé siru在现实中会彼此竞争，这是不争的事实。

几天后，我发表声明，宣布caffé siru项目全面停止。之前投入的费用和时间真是让人心疼，可我不能因为这个原因而继续留着caffé siru。如果这个项目会对caffé bene的加盟商造成恶劣的影响，那么即便承受再大的损失，这件事情也要在我手中停止。

作为连锁企业家，我有义务保护我的加盟商。本来就为了帮他们免受其他公司的恶意竞争而绞尽脑汁呢，现在还要自己插一脚，建立一个类似的竞争品牌，与他们去争夺市场，这是绝不容许发生的事情。从我们公司的立场来看，运营类似品牌的话，管理起来方便，也能大量购买材料，降低原价，控制成本。但只顾自己总部的生存，而不管加盟店的死活，这种想法太恶毒了。构建一个总部和加盟店共同赢利的双赢体制，才是连锁企业生存的根源所在。我不能为了填满自己的腰包，而失了自己的本分。

"绝对不行啊。都到了品牌上市的节骨眼了，怎么能说放弃就放弃呢？"

如我预料的一样，反对的声音如潮水般涌来。他们举出一些类似的连锁公司的例子企图说服我。连续几天都有人敲响我的房门，要我撤回停止的通知。

"有个公司做了好几个类似概念的品牌，生意一样做得好，大家都抢着要加盟。只要生意红火，加盟商们不会抱怨的。而且其他公司也都是那么做的，为什么就我们非要维持那个原则呢？"

"就算两个品牌的概念完全不同，结果也会因为'咖啡店'这一点，让市场产生重叠。虽然'传统年糕＋茶'和'咖啡＋华夫饼'是主力商品各不相同的组合，但是作为消费者，这里只是朋友约会、见面聊天的咖啡店而已。如果承认这一点，就必须要停止这件事。"

也许，当初大家都没有在第一时间意识到这两种概念相互重叠，就这样投入到市场后，两者冲突的程度可能也会很微小。如果是对"传统年糕 + 茶"和"咖啡 + 华夫饼"的界限十分分明的顾客，也许毫不犹豫，就直接选择到自己喜欢的店里了。而且，在创造一批喜欢"传统年糕 + 茶"组合的顾客群方面，这个项目的确是有很明显的长处。但是，如果是吃什么都可以的顾客，分明会在这二者中徘徊。也许100名顾客中只有10名会徘徊，但我也不能主动去推动和放任这种现象发生。

因为在，建立新品牌时忘记从最重要的"消费者视角"看问题，所以这件事的代价比想象中要严重。这一年多时间里，投入在caffé siru项目中的金钱、时间和人力，一夜间都成了泡影。而且这个项目的主力部队——我们共事已久的同伴的内心，也被这个结果打得七零八落。面对这一切，我深深感到一股责任感，也再次陷入了自我反省。

这是在很多咨询公司的协助下准备起来的项目。但是作为公司CEO，我应该站在比他们更高的位置，用更宽广的视野去纵观全局。当所有人都用经营者的眼光去评价它的可行性时，我就该从消费者的立场去模拟一下这种矛盾发生的瞬间。尤其是当它关系到我平时的信念时，那我更要慎重。虽然交了很大一笔学费，但是我依然认为当时的判断是正确的。

"决不能放弃。"

就像温斯顿·丘吉尔的话一样，有些事情我们绝对不能放弃。尤其是当梦想和目标都确定好后，为之奋斗的过程中就不该轻易放弃，要勇往直前。但是如果那个目标不妥当，或者和自己素来的信念相背离的话，我们也需要有勇气去做出"美丽的放弃"。

08 是追逐金钱，还是追求价值？

企业家若不想沦为商贩，
就必须明确这一点：
在金钱之前，有一些更重要的东西。

尤其是要讲信义，
你要为所有人的利益而奋斗，
而不是只为了满足自己的私利。

"爸爸，钱是好东西，还是坏东西？"

小儿子冷不丁地提出问题，让父亲思考了好一阵。然后他让孩子去拿一块玻璃。

"你透过这块玻璃看看世界。你能看到什么？"

"我看到很多的人。"

冲到最后一刻：
Caffé bene领军韩国咖啡市场的秘密

父亲在玻璃的一面镀了一层银，将玻璃变成了镜子。

"现在你再看一下世界。你能看到什么？"

"我只看到我自己。"

"孩子，这就是金钱的危险啊。对金钱有过分的欲望，会让你只看到你自己。"

这个在犹太人中广为流传的故事，正是警惕人们要看到钱的危险性。对钱过分的执着会引来贪欲，贪欲又会给他人带去伤害，最后让自己彻底毁灭。

"成功＝金钱"这个危机四伏的公式，是很多人崇尚的真理。甚至有人说"幸福＝金钱"。我在贫困和缺乏中度过了二十多年，并不是不能理解这些人的心态。而且我们也无法否认金钱的威力。虽然金钱无法解决所有的问题，但是至少能帮助你做到很多事情。但即便如此，我还是时常警戒金钱。因为你越想接近金钱，离贪欲就越近。

中国古代哲学家老子在《道德经》中说道："罪莫大于可欲，祸莫大于不知足，咎莫大于欲得。"

我在走上企业家的道路以后，就时时刻刻面临着挑战和选择。当一个项目步入正轨时，我就会开始准备另一个新的项目。不知从何时起，我就如同走钢丝一样，做出一个个惊险的选择，然后不断去挑战。

在caffé bene之后，我就专挑未开垦的领域做尝试。即便有更容易走的道路，更安全稳妥的道路，我还是选择充满不确定性的未知领域去挑战，这体现了我的信念和哲学。我在caffé bene成功后，开设了意大利西餐厅"black'smith"。很多人问我为什么不开韩餐店。我在韩餐连锁事业中已经取得了两次成功，也积累了丰富的经验和力量。如果要运用这些经验和力量，那么比起意大利西餐厅，选择创办新的韩餐店，应该更安全也更能获得巨大利润。但是我没有再碰韩餐店，因为我向自己提出了质疑："那条路真的是正确的路子吗？"

这个问题的答案是那么明显。我在2000年取得五花肉连锁店的成功后，市场上如雨后春笋般地崛起了一批"红酒五花肉""锅盖五花肉"连锁店。在我取得了酸泡菜土豆汤的成功后，又引得各种酸泡菜粉墨登场。餐饮市场的竞争就是这么激烈。

混战犹如春秋战国时代的餐饮市场里，也有一些克服危机、带领企业走向成功的企业家。其中一位就是创办"元奶奶包饭"的朴天熙代表。如果能与朴代表交谈，定能感受到那与众不同的内功；更能体会到，为了制作出美味的包饭，他们付出了多大的努力。这是一位有着纯粹的工匠精神的企业家。另外，Mr. Pizza的郑又铉会长也十分令人敬佩。他在与公正交易委员会委员长见面时，这样说道："委员长！我们Mr. Pizza加盟店没有一处停业。政府应该对连锁事业给予大力的支持！"

很多连锁企业家都在为了与加盟店的共生而努力。看到这些在恶劣的经济态势下依然为加盟店谋福利的前辈们，我再次顿悟，我需要勒紧鞋带继续努力。在这一片餐饮业红海中，他们几乎都是在孤军奋

冲到最后一刻：
caffé bene领军韩国咖啡市场的秘密

斗。了解这种内情的我，后来在决定caffé bene的副品牌时，撇开业种，思考了很多东西。事实上我可以再次投身到已尝到成功滋味的韩餐市场。但是那只会让煎熬在激烈竞争中的韩餐企业家更添一份苦和泪。当时的市场和布局都已经基本成型了。我若为了挣钱而进入那个行业，无异于抢夺别人的东西来填饱自己的肚子，这就是"贪欲"。

不管是做小生意，还是做大事业，我都有自己要遵守的"正道"。脱离正道的事业扩张不能做，这是很坚定的事业信念。成功，只有在追求共生时才可能获得。追求短期的利益，这与放弃未来没有什么区别。

有人可能会问我，进入已饱和状态的咖啡市场与前面说的"贪欲"有何区别？我建立caffé bene绝非出于贪欲。我做caffé bene不是为了抢夺已存在的市场，而是为培养全新市场而做的事业扩张。事实上，在caffé bene成立的3年前，也就是从2000年中旬开始，咖啡市场就已经被断定为饱和状态。但是经行业推算，现在的咖啡店数量却是当时的4倍。caffé bene进入大家都无法再成长、只能一起等死的市场里，重新洗牌，让这个市场重现生机。

当时有人对caffé bene横冲直撞的店面扩张战略表示担忧。我也听到有些人对我的质疑：莫非是要吃"霸王餐"？他们以为我是为了提高品牌价值，鲁莽地扩张店面，最后卷着钱走人的不道德商人。我内心很受伤，但也只是笑笑作罢。我没有必要为了解开他们的误会，而做各种辩解。现实生活中的确会发生那种事，也有人因此受害。对于受害者，我也觉得惋惜。我想，我能做的事情就是默默行动，让大

锻造秘密武器，赢得商场竞争 | Chapter 2

家看到结果，仅此而已。

如果金钱是我的目标，我有无数的机会去挣更多的钱。我做着caffé bene，听了无数打造类似饮料品牌和收购的建议，但是我一次也没动摇过。我很清楚，那顶多就是替换几个菜品，更换下品牌名称和店面设计，最后还是会威胁到caffé bene的事业。再出名的铁匠，也不会锻造伤害自己孩子的刀。

另外，caffé bene也接到过很多M&A（Mergers and Acquisitions，即企业并购）的提议。甚至有些国际大品牌也向我伸来橄榄枝。但是我总是义正辞严地拒绝了他们。如果我接受了那种并购提议，便能拿到巨额的资金。但那些大钱对我又有什么意义呢？对此，我心里是十分清楚的。

还有一次，有人拿着一片土地，开出个好价钱，问我要不要买。当时的价格大约是市价的三分之一，即便只是攥在手里也能变成钱呢，而且当时公司也有足够的现金。可我却对地产不感兴趣。我说我们不需要那么宽阔的土地，婉言谢绝了。我之所以毫不留恋地拒绝掉这个诱人的提议，是因为那片土地与我们公司的目的不相符。caffé bene就是一家咖啡店连锁公司，是以开设和支援加盟店为本职工作的公司。只以单纯的挣钱为目的去买来大片土地，这像话吗？而且有那些钱的话，足够我们建立好几个black'smith直营店了。

我总是围绕着caffé bene的生存和发展制定各种战略，做出相关的经营性判断。我将那些被一己私利困住脚步的人当作他山之石，不断自我监督，哪怕是再小的东西，我也不会试图将它占为己有。在我们公司，允许一个员工名下运营一个caffé bene店。现在caffé bene员工里，有十多人以自己的名义运营着店面。

但是这里面没有以我名义运营的店面，只有公司运营的直营店（caffé bene，black'smith）50余家而已。用我个人的资产运营店面，并不存在道德问题，但是我觉得公司CEO不应该将自己的热情和时间浪费在个人名义下的店铺上。那最终会给公司带来伤害，也会让与我们公司同进退的众多合作方无奈。

企业家若不想沦为商贩，就必须明确这一点：在金钱之前，有一些更重要的东西。尤其是要讲信义，你要为所有人的利益而奋斗，而不是只为了满足自己的私利。为此，你必须明确认知到"不应该做的事"和"不能做的事情"。很感激的是，我们caffé bene的所有新老成员都认可并追随了我的这些信念和价值观。

每周一的视频会议上我都会强调这些内容，与每一位伙伴共勉。员工恳谈会上我也和大家共同讨论企业价值和信念问题。

不以金钱为目的，而是为真正的价值奋斗时，我们自己也会变得光明磊落。当然，人总会有失误，也可能因为一些"无知"而犯下错误。但是，在"有知"的清醒状态里，任何情况下都不容许做出不合理的事情。这是我们caffé bene全体员工的骄傲，也是我们继续前进的力量源泉。

Chapter 3

只有费了力气，才能产生真正的力量

冲到最后一刻：
Caffé bene领军韩国咖啡市场的秘密

为什么我们感觉费力的事情，
别人却在做呢？
只有费了力气，才能产生力量。

也只有费力气得来的，
才是别人无法效仿、
只属于我们自己的竞争力。

01 根本不存在红海

所谓能成功的事业，
就是要在红海中制造出差异。

充分把握顾客的要求，
迅速在事业中体现出来，
与已有的企业拉开小小的差异，
就可能创造出全新的需求。

2005年刚入冬，我坐在位于加拿大温哥华的基斯兰奴海滩的长椅上，享受着久违的闲适。温哥华向来以其优美的自然环境著称，到处都是怡人的风景，其中我最喜欢的就是基斯兰奴海滩了。游客们在这里悠闲地戏水、晨练、散步。

冲到最后一刻：
caffé bene领军韩国咖啡市场的秘密

被海浪冲到海边、搁浅在海滩上的圆木，成了人们短暂休憩的地方。只是远远欣赏着，心中就有一股难言的舒适。我从这边的风景移开视线，回头去看海上正在装货的大船。与这边悠闲的海边情趣不同，他们正在紧张地忙碌着。看着在同一个地方，悠闲和繁忙并存，我的心情在发生微妙的变化。冥冥中有一股力量在催促，让此刻正在海边享受的我，赶紧回到工作的空间里去。在大海的另一边，也赫然屹立着由悠闲和繁忙共同创造的产物。那里是温哥华富豪们聚集的地方——西温。山脚下如同阶梯般排开的豪宅，和它旁边矗立的高层公寓楼群，就像是一幅全景接片般呈现在我的眼前。那是一个我要跳进去展开生死厮杀的活生生的生存空间。

我在那个地方遇见了一个彻底改变我的人生的小小空间。那是位于海边一角的一家小咖啡店。即使不是特别出名的品牌店，店里依旧挤满了喧闹的人群。与外面凉飕飕的初冬气温不同，打开门进入店里，就被温热的咖啡香萦绕了。还有粉碎咖啡豆的咖啡机的作业声，打牛奶气泡时传出的"啪啪"声，等待点单时私下的交谈声，还有跟着主人进来的小狗汪汪叫的声音，在这个小小空间里听到的声音合奏曲，跟管弦乐队的演奏没什么两样。咖啡店里回荡的各种声音，可不是那种简单的嘈杂，它让你产生一种充满生机的舒适感觉。那一杯顶着幻想泡沫的卡布奇诺的香味，让我埋头在工作中的人生得到了小小的补偿。即便走出了那里，咖啡的香味依然在我鼻尖久久不散，一直刺激着我。我在那份幸福的海边余韵还未消逝之前，就已经闻到了另外一种渴求的味道。充满咖啡香气和动听声音的咖啡店初体验,让我直观感受到了咖啡事业的可行性。

我开车从基斯兰奴海滩回到15分钟路程外Arbutus住宅区的家,一路上心情雀跃。我用全身的细胞感知这个意外得来的事业概念,直到车开进两层别墅的庭院时那份悸动都没消去。当夜,那满口弥漫的咖啡香气伴我入眠。我能感受到,这个全新的事业概念,很有可能让我过去追求的国际化企业梦想变成现实。想到这里我就心潮澎湃,根本无法静下心来。从接近而立之年的第一次创业开始,我个人的梦想也在慢慢膨胀。我梦想有一天能开垦出一片回馈世界市场的产业。不,具体地说,应该是我想要经营一个国际化品牌。但是现在我终于找到能实现那份梦想的契机了。这种兴奋让我失眠,第二天一早便像个初出茅庐的少年,冲进温哥华第四街、第十街和商业区,发疯似的寻找大大小小的咖啡店。

如今已经7年过去了(本书的初版时间是2012年。——译者注),我偶尔也会想:"在韩国还有像我一样与咖啡有着特殊姻缘的人吗?"咖啡店卖场超过850家,与巴西咖啡农场签订栽培合约,成为韩国先例。为了一跃成为国际化品牌,在纽约曼哈顿亮出一道挑战书,随即向中国和沙特阿拉伯进军。现在每月仍安排一次国外出差,品尝雅加达苦咖啡的味道,和罗马拿铁咖啡的香浓,也积极宣传韩国的咖啡文化和厢房文化。在世界各地喝着咖啡的我,至今依然深深记得基斯兰奴海滩的那杯卡布奇诺。现在回想起来,那杯咖啡说不准是

冲到最后一刻：
caffé bene领军韩国咖啡市场的秘密

和我完成了一次宿命般的遇见。

"我们去喝杯咖啡吧？"

当我们打开心扉，要畅所欲言之时，经常叫对方去喝咖啡。咖啡店已经不仅仅是卖咖啡的场所这么简单了，这里成为人与人谈心的空间。人们围坐在一起分享快乐，快乐加倍；彼此倾诉心声，一吐不快，伤感就会减半。各种担忧和迷惑，也会在这里意外得到开解。咖啡店虽然也是获得收益的商业空间，但是来到这里的人们却能在这里补充积极的能量，收获一份休憩和浪漫。

我将它看成人生中最高难度的挑战，也是胜败在此一举的关键战役，所以我异常慎重。归国后，我先是仔细调查市场。和预想的一样，绊脚石不是一个两个。尤其是拥有我们根本无法比较的资本和规模的大企业也在做咖啡事业。

当时，咖啡专门店的市场已经达到了饱和。仅2008年就已经有星巴克（Starbucks）250家，香啡缤（coffee beans）也有153家。这两个巨型恐龙般的世界级品牌早已真正地引领了韩国国内的咖啡市场。

"在国内大型咖啡店竞争呈现白热化后，中心商圈已经达到饱和状态。"

这是2008年1月20日《韩国经济杂志》的一则报道。任谁都看得出这是一个竞争激烈、流满了鲜血的红海。作为后来者，和这些先驱们比，我们就是一家既没有财力又没有人力的中小企业，要进入这个市场真的很不乐观。所幸的是，在美国咖啡店的实地考察，让我看到了希望。

在纽约的每条主街道上都有星巴克。在它们的间隙里散落着一些规模虽小却有独家必杀技的咖啡店。高水准的商标、品位独特的设计、新颖的副品菜单,支撑着它们在这片区域站稳了脚跟。能让它们与星巴克抗争的竞争力就是"差异化"。"我也能做到!"看着那些咖啡店,我心里也多了一份自信。有"差异",就有了"缝隙"。那就是我的答案。

它们再庞大,只要我能制造出差异,就没什么可害怕的。我开始进行国内咖啡店的店面布局、员工服务、菜单品种的分析。无论如何,我都要找到与现有咖啡店的差异点。

我在工作的间隙,探访了国内有名的咖啡店。让我没想到的是答案很轻易就被找到了。我用顾客的眼睛察看,就发现了很多让我不满意的地方。当时占有国内较大市场的咖啡品牌店都有个通病——菜单太过单一。各式各样的咖啡品种占满了整个菜单。也许很多人觉得咖啡专门店当然只卖咖啡,可我的想法不同。不喝咖啡或者不喜欢咖啡的人,也可能会结伴来到咖啡店。那么,就需要给他们单独设计一些副品菜单了。

另外,包括咖啡在内的饮料品种还有再开发的空间。当然,菜单也不是越多越好,可最起码要有能彰显自己特色的差异化代表产品。而这也是我在10年间成功运营3个品牌连锁店的秘诀。

我说出要做咖啡事业的打算时,很多人都表示担心。他们说,何

冲到最后一刻：
caffé bene领军韩国咖啡市场的秘密

必要进这个饱和的红海去趟水？在竞争中取胜的钥匙不在红海里，而在蓝海里。但是在我眼里，红海和蓝海并不存在太多的意义。创造全新的东西，与在已存在竞争的市场中存活一样困难。更何况，即便成功创造出新事物，过些时间它也会变成旧的东西。莫非每到那个时候我就去寻找全新的蓝海？

所谓能成功的事业，就是要在红海中制造出差异。充分把握顾客的要求，迅速在事业中体现出来，与已有的企业拉开哪怕小小的差异，就可能创造出全新的需求，而不用跟红海里争得你死我活的企业分一杯羹。也就是说，干脆自己去拓宽这个市场的规模。

而且在当时，"生育高峰期"的一代人已开始从一线隐退。这些手中有资金的人为了未来而准备创业，但是当时的咖啡店都是大企业的直营店，无法加盟连锁。那就有必要去创造一个以这类人为目标的全新市场。我坚信自己的判断，迅速组建咖啡事业部，并最终于2008年4月推出了咖啡连锁店caffé bene的1号店。

只有费了力气，才能产生真正的力量 | Chapter 3

02 从千户洞1号店到1000号店①

我推延了签约时间，
深思熟虑了一周后，
最终放弃了江南区，
转而选择千户洞。

当时我暗下决心：
如果我无法在这里取得成功，
就根本做不起来这个咖啡连锁事业。

caffé bene 1号店位于江东区千户洞罗德奥大街（Rodeo Street）的中间位置。我们租赁了200平方米左右的店面，开始进行施工。罗德奥大街入口处虽然有竞争品牌，但是我并不在意。因为我心中有出师必胜的胖算。

---

①译者注：本处"千户"的韩文与"千号"有谐音之妙。韩文标题有"从千号洞1号店到1000号店"的意思。本着地名翻译要准确的宗旨，译文仍作"千户洞"。

冲到最后一刻：
caffé bene领军韩国咖啡市场的秘密

但是我们原本讨论的1号店位置并不在千户洞。我急欲将第一站安排在韩国最好的商圈之一——江南驿附近。毕竟是开门第一店，谁都想设置在活力四射、流行趋势变化最迅速的江南驿，这也是人之常情吧。我开始推进江南中心商圈江南驿店铺的租赁事宜。我交出数亿韩元的转让租金，签好了店铺的转租合约。那里交通便利，还位于江南中心商圈，是做咖啡店最好不过的地方了。

终于到了同房主签订建筑物租赁合约的一天，我却听到了意料之外的声音。房主先提到150平方米的租金是5000万韩元。那是我已经知道的内容，所以并不觉得惊讶。而且我也是那样和现任的承租人签的转租契约，并不是什么陌生的内容。问题出在他随后的话上。

"合约期限是1年，租赁费每年涨幅15%。"

我很吃惊。150平方米的店面，租赁费竟然要每年上升15%！考虑到这里的规模，假定我设置100个座椅，怎么计算都不划算。若一个座椅平均销售额为3000韩元，一个桌子每日循环使用5次（考虑到这里是江南，给出了最高的回转率），那么每日的预期收益为150万韩元，每月为4500万韩元，每月基本亏损金额为2000万韩元，等等，这些数字在我的大脑里亮起了红灯。因为是样本店，虽然预想到一定程度的运营损失，但是每年都要负担亏损额，这不能不让我泄气。但这里可是首尔商圈的黄金位置，我也不能轻易放弃。

我做餐饮业10余年，卖场每平方米的大致收益马上能算得出来，但这里的收益并不是很理想。可作为caffé bene第一站的1号店，要与世界品牌竞争，入驻韩国最高商圈的象征意义等，都是为了连锁事业的长远发展而必须有的要素。所以即便蒙受损失，我也考虑签约。但是现在房主提出租赁费每年要涨15%，反而让我开始犹豫了。

我推延了签约时间，深思熟虑了一周后，最终放弃了江南区，转而选择千户洞。当时我暗下决心：如果我无法在这里取得成功，就根本做不起来这个咖啡连锁事业。在首尔市，不，在全国的各个城市里，还有比千户洞罗德奥大街更好的或者是相似的商圈吗？当然，优质商圈有很多，但是不如这里的更多。换句话讲，我要在这儿失败了，那么caffé bene咖啡连锁事业就可能最终破产。怀着这种悲壮的心情，我选定了店铺，开始施工。

施工期间，为了保护过往人群的人身安全，也顺便做下店铺宣传，我们在店外拉起了临时隔离板，正面是品牌的广告。当广告版亮出之后，路过的人们不时评论一句。可那话却似在刺着我的心脏。

"这里开了一家山寨coffee beans（香啡缤）啊？"

每天有数十名路人将我们看作coffee beans的山寨版。听到这话，我后悔至极。

"我怎么将品牌名称定成caffé bene呢？而且bene（陪你）的发音还那么像beans（缤）？这下如何是好？"

这已经无法挽回了。咖啡杯、冰淇淋盒、华夫饼盘子等都已外发制作，品牌名称全部印刷完毕了。在这种情况下，改变品牌名称是件不容易的事情。从这个咖啡连锁店的第一步开始，我就莫名地感觉到

冲到最后一刻：
caffé bene领军韩国咖啡市场的秘密

一丝不安。

不想听到"山寨版"三个字，刚开始我就在caffé bene的招牌颜色中加入了与coffee beans截然不同的艳红色，看上去非常俗气。这次又在牌子前面增添了ra字样，变成"ra caffé bene"。这下差别化就很明显了。站在店外，就是让我看，也感觉不出它哪儿像山寨coffee beans了。但这是什么情况呢？咖啡店开张后，没有顾客光顾。店里大约120个座位，顶多坐下20来人的样子。这并不代表这条街萧条。看着外面，有那么多年轻人……

道路上挤得人山人海，周边的咖啡店也人满为患，前面的化妆品店店员在路上宣传，声称只要进店就有纪念品，以此来留住客人，也是一派热闹。不只是那里，几乎所有店铺都挤满了客人。唯独caffé bene这般冷清。除了我们caffé bene，从地下商铺到二层店铺都是生意兴隆，甚至三层的商家也都是忙里忙外的。这让我怎能不紧张呢？

"到底是怎么回事？不会是caffé这个单词让大家以为这里没有coffee（咖啡）吧？品牌名称是不是要把caffé bene变成coffee bene？难道，我的运气已经到头了？"

我郁闷至极，脑子里闪过各种各样的想法。但是就这样去实施，我又感觉很不安。于是我先安定了下心绪，然后整理自己的想法。首先，看着前面化妆品店的活动，我决定明天也做个开店活动。我马上打电话给办公室营销组，让他们做准备。

第二天早上8点，我准时来到咖啡店上班。我坐在吸烟室里打开笔记本电脑。虽然我并没吸烟，但因为吸烟室正设在咖啡店入口处，为了假装成顾客，我便选择坐在这里。就这样大约过了1小时，活动负责人陆续到场了，店前瞬间变得嘈杂，员工们在有条不紊地布置着扬声器和轮盘等活动用到的设备。

终于，我们在上午11点举办了开店活动。原本就十分热闹的罗德奥大街，这下也为我们而欢呼起来，活动响应度十分理想。但是当顾客在轮盘游戏中得到"咣"后就直接走掉了，只有命中了"赠送一杯美式咖啡"的路人，才会走进店里。所以，虽然门前聚集了很多人，但是店里依旧惨淡。直到晚饭时间，总算慢慢有些咖啡店的样子了。店里坐了近一半的顾客，终于散发出一股咖啡店特有的温度了。

然后迎来了一天清算的时间。从早上8点开始，一直营业到深夜2点。我这一整天都待在咖啡店的吸烟室里，三餐也没有好好吃，肚子快要饿扁了，而且写了很多笔记。日记足足有好几页，都仿佛在预告接下来会发生的大事。我继续整理着手中的"剧本"，员工开始紧张核算一天的收益。

我抬起头看着他们做清算，心里十分紧张。可无论如何我名义上也是公司代表，总不能跺着脚催促着问"收入多少"，那多少有些难为情。于是，我便耐着性子等待他们核算，不一会儿，事业组组长过来报告了销售额。

"代表，总共是73万韩元。"

我有些怀疑自己的耳朵。连173万韩元都不是，只是73万韩元？完全在我预料之外。听到73万韩元这个数字，我想这就是世上最可怕的数字了。

"今天光是活动费用就花进去了100万韩元……"

瞬间，我脑海里闪过很多想法。如果这是一家土豆汤饭店，那么周六的销量达到400万韩元以上才算是正常水平。可现在连100万韩元都没卖出，前景一片漆黑啊。但我还是在自我安慰，这毕竟只是个开始，我该期待第二天和下一周的情况。可结果，销售额始终没有改观。

销售额增幅没有跟上我们的预期。我开始在咖啡店里潜心观察顾客了。结果我发现了奇怪的现象。顾客走到了店门口，看了下门牌，然后就掉头走了，而且一天内有几十名这样的顾客。那时，我已经做连锁事业10个年头了。在当时的我看来，建立一个常规的品牌，只要将店面设计和菜单做出差异化，就能拥有竞争力，基本销量就肯定能有保证。但是咖啡行业却不同，顾客们喜欢品牌。咖啡不是必须消费项目，而是一种喜好，顾客们全凭喜好选择品牌。

就算做了十年连锁事业，仍然有很多不明白的事情。虽然晚了些，但毕竟我把握住了问题的核心，我没有继续陷入挫折中，开始埋头寻找解决方案。我得出一个结论：要打造一个顾客主动去寻找的品牌。随后我想到了演员崔秀钟，想到了明星营销。我们这种中小企业能最快最广地为大众所知的方法，就是借助明星效应了。

当时正值电视剧《大祚荣》刚刚落幕，于是我便聘请人气旺盛的崔秀钟来做广告模特。我们先后请崔秀钟、笑星刘世允等明星艺人陆续在店里举办粉丝签名会，以提高咖啡店的知名度。同时，我们也向顾客进行了各种形式的宣传。我们在百货商场购买了路易威登手提包、香奈儿手提包等，摆放在咖啡店的正中央，每月有一名顾客中奖获得手提包。类似的活动一直在进行，为募集会员而努力。就这样，过去了大约6个月，会员人数超过了3000名，销量也明显好转，咨询加盟店事宜的电话也慢慢多起来。

因为1号店开在千户洞，也遇到了不少哭笑不得的事情。咨询加盟店事宜的人中，有些是来自釜山和大丘等地，他们会询问千户洞在什么地方。原来，千户洞在首尔才有名气，很多外地城市的创业者都不了解这里。但是，包括我在内的公司所有员工，都从千户洞的起步中找到了积极的信号。

"既然在千户洞做了1号店，那么我们就努力开到1000号店吧！"

每当聚餐时我就这样跟员工们开玩笑，大家都放声地笑着，举杯喝彩。现在，这个玩笑也在慢慢变成现实。

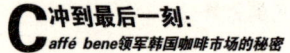

冲到最后一刻：
Caffé bene领军韩国咖啡市场的秘密

03 成为超越普通意义的咖啡店

企业的产品和品牌
也要在第一时间让人瞩目。

要找到在世界上不存在的那种全新色彩，
那个任何人都无法跟风的、
只属于我自己的色彩。

大家想象过市中心的仲夏夜海滩吗？2002年夏天，法国巴黎市政府在塞纳河边为不能度假的市民打造了人工海滩。每年7月中旬至8月中旬，这一个月的巴黎沙滩（Paris plage）上，沙场自不用说，遮阳伞、日光浴躺椅、椰子汁和露天游泳池等，设备十分齐全。因经济原因或者工作繁忙而无法去享受盛夏假日的人们，心中的遗憾在这里得到了补偿和安慰。此外，简易图书馆运营、音乐会、话剧表演、电影试映会、娱乐项目等多样的文化体验，带给市民心理上的满足感，也给城市注入了活力。

人们为什么要度暑假呢？如果只是为了在炎炎夏季躲避烈日和酷暑，在安装了空调的家里、办公室或者附近银行一样能做到。人们为何非要花昂贵的费用，投入宝贵的时间，去海边和溪谷避暑呢？这分明是另有目的。

人们最渴望的是和家人、恋人、朋友共同度过幸福时光。市中心的巴黎沙滩不仅给人们提供避暑的空间，还为他们打造与珍爱之人交流情感的浪漫空间。

咖啡店也一样。虽然这里是卖咖啡的地方，但人们坐在这里可不是单纯地喝杯咖啡。与同伴交谈、独自休憩、商业会晤等，这是他们来到咖啡店的主要目的。所以，咖啡店要起到推波助澜的作用，帮助顾客实现来到这里的目的。

同样是喝着咖啡，在家中难以启齿的话，到了咖啡店就能倾诉出来。平日生疏的职场同事，能在咖啡店变得亲近。你暗恋的她或他，也可能在这里接受你真情的告白。咖啡店不只是卖咖啡，它卖的更是浪漫的氛围和感性的文化气息。caffé bene进驻全州MBC大厦后，当时在电视台工作的郑泰然社长曾对我说：

"caffé bene进入以后，我们大楼发生了很奇怪的变化。"

"是吗？怎样的变化？"

"公司员工之间的交流变得沽跃了。有开心的事、烦恼的事、棘手的事，甚至是闲着唠嗑时，都会提议到一层的caffé bene聚聚呢！"

在MBC大厦一层开业的caffé bene，慢慢给电视台内部带来小小

冲到最后一刻：
Caffé bene领军韩国咖啡市场的秘密

的变化。和之前相比，组织变得更加有活力了。在caffé bene，举办与业务相关的会议的次数在增加，为了和解、安慰、激励等而私下约会也更频繁。那座大楼里的人们开始对外界敞开心扉。

当初选在这里营业，是立志要提高附近居民对电视台的关注度和参与度。后来不只第一目的达成了，还意外地将大楼里内部员工的沟通也激活了，甚至对团队业绩的提升也有了一点点帮助。

在caffé bene打动顾客、成为他们彼此沟通和交流的桥梁之前，也曾有过实践上的失误。尤其是空间设计方面，初创期的caffé bene与竞争对手相比，并没有太大的差异。

我当初构思咖啡店连锁事业时，是想打造成熟和都市化的氛围，让年轻一代成为咖啡店的消费主力。所以，通过年轻人比较偏好的隔板，演绎出了强调私人空间的现代化、都市化的效果。色彩比现在更加绚丽，材料的选择也更能体现出成熟的味道。可当按照计划装修好后，却发现没有caffé bene独有的特色。虽然也是成熟的都市化空间，可与我心中期望的那种感性交流的效果还有差距。

为了打造caffé bene自己的设计，我收集熟人的建议，尤其是从事艺术工作的人士的建议，我更是洗耳恭听。caffé bene筹备期在欧洲看到的露天咖啡座的那种安详和舒适，我想再次体验一下。从快节奏的日常生活中逃脱出来，与知己面对面坐下交流，让我瞬间忘掉旅行的疲倦，投身到一份平和中。我要通过caffé bene传达给顾客的正是那份平和与自由。

只有费了力气，才能产生真正的力量 | Chapter 3

欧洲人像珍惜咖啡一样珍惜露天咖啡座。18-19世纪，欧洲的很多艺术家都在露天咖啡座交谈、歌唱，而且将它融入到作品中。梵高的著名作品《夜间的露天咖啡座》就画入了他曾借住的咖啡馆；巴赫创作的《咖啡康塔塔》饱含了他对咖啡的热爱，首演也是在其经常去的咖啡馆中举办的。

谈起欧洲的咖啡馆，绝对不能漏掉法国的花神咖啡馆（Café de Flore）和双叟咖啡馆（Les Deux Magots）。这里是很多艺术家、学者、思想家进行灵魂和感情碰撞，创作作品的地方。法国存在主义哲学家萨特和他的恋人波伏娃经常光顾这两家咖啡店，坐在僻静的座位上，写作，展开激烈的讨论。阿波利奈尔、圣埃克苏佩里、海明威和加缪等伟大的文学家们也经常进出这些咖啡店。此外，布拉克、毕加索、雕塑大师贾科梅蒂等有名的艺术家都喜欢来这里，放飞自由的灵魂，寻找创作灵感。

我想将欧洲人自由感性的咖啡馆文化，在韩国街头巷尾再现一番。我相信，只要将欧洲由来已久的露天咖啡座以主题咖啡馆的形式设计出来，就能打造出城市里的疗养胜地，让大家在这里得到灵魂的自由和情感的平和。

迷醉在欧洲咖啡馆里的我，为了寻找到属于caffé bene的颜色，一直在各处旅行。所到之处，都是些富有年代感的古老建筑，虽有些破旧，却散发出一种古色古香的异常韵味。更令人惊讶的是，新盖的建筑物也像旁边的古老建筑一样，主动营造出复古的感觉，这种举动

冲到最后一刻：
caffé bene领军韩国咖啡市场的秘密

让我深有感触。

看到这光景，我急欲将那种感觉原封不动地搬进caffé bene店内，于是动用了各种方法。为了体现欧洲100余年建筑物的感觉，特意将caffé bene店里的铁制材料做出腐化效果。墙面也通过混凝土骨料外露式设计，做出略带粗糙感觉的怀旧风格，给店面注入时间的痕迹。

屋顶和柱子突出了自然的色感。椅子和桌子保留粗糙的木头质感，显得更加自然。另外，为了让相对而坐的客人能毫无顾忌地对话，还充分分割了空间；优雅娴静的照明，打造出一个分享情感的空间。

尤其是所有店面都悬挂着的大型钟表，也是caffé bene的象征物。我将法国广场上安装的不锈钢珐琅钟表带回国，将原件放在首尔狎鸥亭罗德奥店，其余的店面使用了复制品。

这之后我也曾对caffé bene的设计装修进行过几次升级。其中2009年的书咖啡厅（Book café）主题概念的设计，也备受顾客们的喜爱。宽广的墙面上设计出相当大的原木书架，让人很自然就联想到上档次的书房。书架上摆满了各种读物，让人们在等待同伴的过程中可以有事可做。在流淌着舒缓音乐的书房里，一个人品着咖啡，就会浮现创作的灵感，难缠的问题也能看到解开的曙光。不止如此，原木材质的家具和小物件也给人雅致的感觉，让你不自觉地敞开话匣子，与人尽情谈心。

这种消灭空乏感的设计出自我的弟弟金仁善之手。我父亲曾是一位木匠。我依稀记得一些关于父亲的片断，大部分都是父亲在盖房子。父亲还制作学校用的书桌和椅子。也许是传承了父亲的血液，金仁善本部长的木匠手艺也是一等一的。他的设计感十分卓越。尤其是店面施工时，他对空间演绎的创意性也特别突出。现在他也一直奋斗在设计前线，包括caffé bene在内的很多公司的设计和装修施工，都由他上阵指挥。他是caffé bene项目的设计总负责人。

caffé bene的装修设计也给以后的其他咖啡店产生影响。采用木制家具和装饰素材、打造安静气氛的咖啡店越来越多。大家都在尝试复古风格。caffé bene的特色慢慢在消失，虽然有些可惜，但我并不非常担心。不管过去，还是将来，我们caffé bene会时刻为寻找自己的特色做出无穷的变化，而那个变化也一直处在现在进行时中。

在营销用语中有个词叫"紫牛（Purple cow）"。这个世界上基本看不到紫色的牛，所以当面前出现紫色的牛时，人们肯定一眼就能注意到。简单说，企业的产品和品牌也要在第一时间让人瞩目。但当大家都要成为紫牛时，我就没必要再执着于紫色了。要找到在世界上不存在的那种全新色彩，那个任何人都无法跟风的、只属于我自己的色彩。我确信，那将是一个愉快的旅程。而在那个旅程中，caffé bene会再次书写世界舞台上的成功神话。

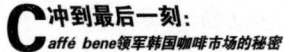

04 意志在，方法即在

对于一些现阶段表现良好的事物，

我也会提出一些问题，

以便让它变得更好。

在你向"The best"投出问号的瞬间，

就有机会成为"Best of the best"了。

"为什么去caffé bene？"

很感激这些在众多咖啡店中独爱caffé bene的顾客。独爱的理由，每个人都有所不同，但有一点是共通的，因为caffé bene有着独一无二的产品。caffé bene菜单上的每一道菜都是在追求卓越过程中的产物。例如caffé bene的主打甜品华夫饼（Waffle）和意式冰淇淋（Gelato），通过对比利时和意大利传统制作方法的再现，打造与其他竞争品牌的味道差异。

我们在寻找其他咖啡店看不到，只有caffé bene才有的东西。在这个过程中，我们注意到意式冰淇淋。意式冰淇淋的人气很旺，与其他产品也能巧妙搭配，它应该就是突破口。为了将意式冰淇淋打造成我们的主力产品，我来到意大利造访传统奶油冰淇淋店。那儿有着100多年的悠久历史，他们拒绝现代化机械的便利，传承且固守着手工制作的方式，这种精诚和自信让人敬佩。

caffé bene为了保留那种固有的味道，也选择手工制作意式冰淇淋。意式冰淇淋与普通的冰淇淋相比，不只材料有很大差异，制作机器也存在不同。意式冰淇淋没有使用一般冰淇淋制作时使用的连续式机器，而用配置式机器制成。配置式机器能够维持意式冰淇淋的原味和筋道口感，而且制作者直接将原料放入机器中，能确认意式冰淇淋的每一道工序的正确性，更能保障它的品质。

caffé bene维护传统味道的努力，不只是体现在意式冰淇淋上。意式冰淇淋的幻想般组合华夫饼，也是我们的骄傲。

作为韩国的代表性早午餐餐点，华夫饼、三明治、汉堡等都榜上有名。但奇怪的是华夫饼没有走进千家万户，反而沦为街头餐点。而且街头华夫饼用的是美国的拌水式华夫饼制作方法，与其说是面包，更像是发潮的饼干。而且它放入了大量砂糖，甜味太浓，制作方法也简单，成为鲫鱼饼般的快餐食品了。

即便制造过程很复杂，我仍希望做出柔和的、味道浓郁的"料理"。使用比利时的华夫饼制作方法的话，面包的那种深沉丰富的香

冲到最后一刻：
caffé bene领军韩国咖啡市场的秘密

气和柔和的口感就能全部保留，上面再搭配奶油、水果、意式冰淇淋的话，就能成为caffé bene优秀的副品菜单了。

当我决定推出华夫饼后，便产生了一个苦闷的问题，即预和面团的保管方法。我们需要在总公司制作华夫饼预和面团，然后配送到各个加盟店。可考虑到方便性和效率的话，除了冷冻保存外没有其他的方法。也就是说，总部做好华夫饼预和面团，冷冻起来，运送到加盟店，店里再进行解冻，提前烤制成华夫饼，待客人一下单，便加热后供上餐桌。这是工作在现场的生产前线专家的提议。而且国内所有的面包公司都用这种冷冻保管的方法，所以当时我也没有提出更有见解的主意。但是这样就有个问题，提前做好华夫饼，后期再加热处理，时间久了华夫饼就会变硬。

我必须尽快找到解决方案。不能因为别人那么做，我们也随波逐流。记住，不只是碎裂的玻璃会引起顾客的不满，为了让顾客看到窗外的景致而设置的玻璃窗，因清洁不到位留下的污渍，也足以刺激顾客的眼球。玻璃的本质就是透明性，如果不能还原它的本质，那么当初就不要用玻璃窗。

我马上组织实地考察队，出发来到华夫饼的产地比利时。我确信，在那个地方一定能找到答案。看着那些华夫饼专卖店，大家不禁发出感叹。不只是专卖店，就连街头的华夫饼小店，都没有进行冷冻，而是使用柔软黏稠的冷藏预和面团。

将像馒头般长得圆嘟嘟的冷藏预和面团放在四方形铁盘上烤制，

卖完一盘，再端来一盘。在这里，连快速流通的街头摊铺都为了尊重华夫饼原味而努力着，我们有什么理由做不到呢？

"使用传统制作方式，真的很费力气。"

"为什么我们感觉费力的事情别人却在做呢？只有费了力气，才能产生力量。也只有费力气得来的，才是别人无法效仿、只属于我们自己的竞争力。"

现场组的组员抬高嗓门，强调预和面团的冷藏保管不现实。我则拿出在比利时考察的结果劝说着他们。

"从今天开始，全面调整caffé bene华夫饼的预和面团和配送体系。"

因为我相信自己的判断，便大刀阔斧地下发了改革指令。我将华夫饼和意式冰淇淋定位成caffé bene的代表餐点，也是因为我有自信能将它们变成最棒的。只要有想干的意志，方法嘛，努力就一定能找到。找到方法后，朝着目标前进就行了。我果断地修整既有华夫饼的制作方法。如果本部每天凌晨制作预和面团，早晨8点前送到所有的加盟店，加盟店也能遵守"今日制作的分量今日销售完毕"的规则，那么预和面团的冷藏保管和流通就有可能实现。那么，当顾客下单后，即刻进行烤制，就能维持比利时华夫饼的传统味道和润泽口感。

"那么，冷藏配送车辆就要在每天凌晨出发开往加盟店。这种苦活，还有费用，您要怎么承担啊！"

"不能因为送货辛苦，或者费用的问题，而改变我们味道第一的原则。"

实际上，白天送货改为凌晨送货，并不像说得这么简单。首先最担心的就是运输司机凌晨开车的安全问题。但是这虽然辛苦，却并非做不到。如果司机前一天将睡眠补足，努力适应并且养成习惯后，这个问题就能轻松得到解决。

而我也不只是背着手观战。我心里清楚，当我让员工做一些辛苦劳累的事情时，我自己也要一起埋头苦干。那之后，我偶尔会在凌晨来到工厂，检查预和面团制作现场，也会到店里检查华夫饼的新鲜度。我们这种维护传统味道的期望和努力，在果断的决定和全体员工的并肩奋斗之下，终于看到了成果。2009年3月，外界开始传出"caffé bene的华夫饼变得更加好吃"的传闻。

问题就是用来解决的，不能拿辛苦和麻烦当借口。否则，只对着问题干瞪眼，它将永远只是抓住我们脚踝的难题。不管用什么方法，只要用心去解决问题，问题终会找到答案，而那也将成为你达到更高境界的跳板。

与他人相比，我并没有特别突出的天赋。我曾经是个平凡到时常被人忽略的孩子。但是从小时候起，凡是眼前遇到困难，我都会有一股不见黄河不死心的执念，非要将问题拆解得露出原形。小学时，有一次我和亲戚们坐着私家车，路上突然爆胎了。那是亲戚刚买没多久的新车，也不知道该如何换轮胎，看上去很慌张。其他人也都没怎么接触过车，都是一样的手足无措。我也不例外。可是，面对同样的问题，大家的处理方式完全不同。大人们从汽车后备箱中拿出各种工具，嘟囔道：

"这些到底是干什么用的啊？"

搞不明白，大家便索性蹲在路边上叹气。我看着那些拿出来的工具，开始自己推敲了。器具既然制造出来，肯定都有其用途。我不断地做着尝试，最后终于解决了问题。因为当时还小，而且也从未碰过车，所以费了不少时间，可最后我还是找到了答案。

遇到问题就叹气，这是不可取的行为。一条路行不通，就寻找新的道路。只要你愿意尝试，定能找到解决问题的方法。如果华夫饼预和面团冷冻保存不合理，那么多做一些冷藏保存的尝试就可以。通过各种尝试找到更好的方法，才是寻找答案的捷径。

我们公司经常会组织一些讨论会，让员工在既定的主题下，去寻找"更好的方法"。这种方法不仅限于浮现在眼前的问题。对于一些现阶段表现良好的事物，我也会提出一些问题，征求更好的方案，以便让它表现得更好。而在你向"The best"投出问号的瞬间，就有机会成为"Best of the best"了。这正是所谓的"没有最好，只有更好"。

05 被爱，才能成功

人们不会轻易背叛
自己心爱的人，
所以，让消费者
爱上你的企业品牌吧。

2005年，凯文·罗伯茨用《至爱品牌》（*Love Marks*）一书再次刮起一股营销业界的新旋风。他主张，想要在企业产品差异化逐渐消失的21世纪生存下去，秘诀就是成为受人热爱的品牌。人们不会轻易背叛自己心爱的人，所以，让消费者爱上你的企业品牌吧。

我也为让顾客爱上caffé bene做过很多努力。我想，相爱的第一步通常是相识，为了让大家先认识caffé bene，我选择了明星营销策略。

2009年2月，我们聘请备受大众喜爱的韩艺瑟做模特代言，并用"韩艺瑟咖啡"作关键词进行宣传。但是当广告开始投放后，周围传来各种言论。当时，caffé bene在全国的店面只有16家，却要做全国范围的CF广告（Commercial film，即用胶片拍的广告，可以在电影和电视上播放），而不是简单的地方性广告，大家都觉得很奇怪。再加上那会儿基本没有咖啡店做过广告，所以很多人都认为我们是在瞎折腾。

的确，当时和咖啡相关的广告也就是现磨咖啡和速溶咖啡的广告了，很少能看到大型咖啡店的宣传广告。这是因为大家都将某些主导市场的国际化大品牌的营销方针作为榜样。而他们的主张是："与其花钱宣传咖啡馆，还不如用这些钱多开一家分店更实际。"

在这种背景下，一家刚成立不久的中小企业竟要拍电视广告，而且还专门挑选黄金时段放映，周围就开始传出各种流言蜚语了。

"caffé bene幕后有大企业投资""caffé bene是阔绰的娱乐公司策划的项目"，这种类似的消息传得沸沸扬扬。但是这种程度的传闻我都置若罔闻。可随着时间流逝，传闻慢慢恶化升级。

"听说caffé bene的CEO是总统的亲戚，所以才做得这么火。""caffé bene企图在扩大店铺数量后就转手出售。""据说市场上已经有人叫价了。""公司内部的现金流转有问题，马上就面临破产了。"这种恶性传闻不绝于耳。

虽然这些传闻很可恶，但我还是决定把它当作是一种契机。不管怎样，我们为了将坊间的关注度朝着正面积极的方向引导，又一次改变营销策略，这次将重心转到了电视剧植入式广告（PPL，Product placement）。恰巧国内屈指可数的CHOEUN娱乐策划公司代表赵大

冲到最后一刻：
caffé bene领军韩国咖啡市场的秘密

原（音译）先生给我打来电话。

他建议我在MBC（韩国文化广播公司）播出的电视剧《穿透屋顶的high kick》中做植入式广告。他说，金炳旭导演本身就很擅长拍摄情景剧，这部电视剧的收视率肯定走高。

"没错！既然要做，不如就搞大一点。既然开始做，不如将所有的电视剧都做了。"

就这样，caffé bene偶然做起了电视剧植入式广告，最后被评选为2011年电视剧曝光率最高的品牌。甚至有人开玩笑说"所有电视剧的主人公都在caffé bene里"，足以看出这个策略的成功。

但是作为当事人的我，在开始这项全新的营销手段时，心里十分紧张。这可是投入了巨额费用的电视剧植入式广告，一旦失败，我很难承受住那个结果。我亲身体验过贫穷，也一步一个台阶地走到成功面前，我这么努力了10年，决不能在这里倒下。这种想法无数次地蹿入我的脑海。因为过度紧张，有时候睡梦中也会猛地坐起来。

当我从睡梦中惊醒后，为了静下心，我会走到书桌旁，极力地克制住内心的不安，开始写日记。有时候一天会写两次。早上写完，晚上再写一次。当时我已与Sidus娱乐经纪公司签署了战略营销协议。营销费用相当高，如果失败了，我的事业基底可能会就此动摇，之前积累的一切都会瞬间消失。虽然所有的事业都是这样，可连锁事业尤为突出，一旦失败将是尸骨无存。能存留下来的，只有经验而已。

当然，连锁事业也是一个只要项目好就能尽情去挑战的行业。它允许你用小小的资本作开端，最后像麦当劳一样进军全世界，成为国际化的大品牌。因此，这也是人人都能放飞的最高事业梦想。但是，因为我是在取得餐饮连锁事业的成功后开始的caffé bene项目，那这次的失败就不再只是为经验支付的学费了。这将不仅仅是我一个人的失败，还会给背后caffé bene全体员工和合作伙伴等整个链条上的人们带去失败。

自信心和不安感交错的时候，我很幸运地遇见了Sidus HQ经纪公司的郑熏卓代表。他全力支持我的营销企划，也成为我坚实的合作搭档。他对我知无不言，传授了许多自己的实战经验以及Sidus公司的成功战略。而为我和郑熏卓代表搭线的姜勋本部长也是我很珍惜的人才。他最初以理事身份进入公司，从常务理事做到本部长，在这个过程中也对我提供了很多帮助。他了解很多我没有亲身经历过的领域，也因此在很多方面给我提供了帮助。

2011年，caffé bene成为韩国足球协会官方后援社。当时caffé bene已因电视剧植入广告提高了品牌认知度，后来又发生了很多有趣的小插曲。一次足球比赛直播中，在一位选手踢入足球的前一秒，恰好放映了caffé bene的字幕，在网民间急速传开。这段视频也成为热门话题，甚至产生了"caffé bene进球"的检索词。

而在足球比赛最重要的瞬间——进球的前一秒登场的caffé bene字幕，不知不觉间竟成了名场面。我刚看到那个视频时也笑得前仰后合。但是对于我们，这更是一个非常重要的营销瞬间，是深感自豪的

冲到最后一刻：
caffé bene领军韩国咖啡市场的秘密

瞬间。咖啡店首次成为足球协会后援社，这也是非常具有象征意义的事情。现在，包括我在内，我们caffé bene的员工不仅仅是用韩国公民的资格，更是怀着后援队成员的自豪感，积极地声援着我们国家的"太极战士"们。

caffé bene成功借助这次营销打开了咖啡业的新市场。我们在红海市场中开辟了一片新的蓝海，为大韩民国咖啡市场的发展再次推波助澜。当然，看着最近兴起的一波咖啡品牌，我也感受到巨大的压力。好在即便咖啡市场暂时经历动荡，却不会轻易丧失它的活力。

每年约有50万名社会新鲜人成为咖啡市场的新顾客。另外，如果五六十岁的老年人能消费掉更多的美式咖啡的话，咖啡市场会比现在更加壮大。而"这种市场预测是托了业界异类caffé bene的营销之福"的说法，其实并不为过。之前，大家都在既存的狭窄市场中上演争夺主导权的争夺战，但是caffé bene却走着别人不走的路，大刀阔斧地开拓新市场。而这份不断实践差异化的果敢，才是caffé bene的真正竞争力。

06 时刻思考事业的本质

如果还有人说

"caffé bene里除了咖啡,其余的味道都好",

我就会挺起胸脯站起来,对他说:

"那么,请来做一次盲测(Blind Test)吧?"

"虽然通过明星营销提高了品牌知名度,但是应该也相应丢失了一些东西。我想听听您的真实看法。"

聚集了各大中坚企业高管和CEO的韩国全国经济人联合会(简称"全经联")早餐会的演讲结束后,大家开始提问。其中坐在观众席最中间的年迈企业家一下子举起手,问题直指caffé bene不为人所知的烦恼。这句话是事实。

在明星营销成功提高了品牌知名度后,caffé bene的亲切形象就此确立。人们投来好奇的眼光,争先猜测这家咖啡店背后到底是谁在撑腰。接着,我陷入了意料之外的苦恼中。

"这可是靠明星营销成长起来的公司,那咖啡制作方面能专业吗?"

这话给了我当头一棒。加盟店正以100家、200家的速度增长

冲到最后一刻：
caffé bene领军韩国咖啡市场的秘密

着，要确保所有的加盟店都达到标准的味道等级，可不是一件容易的事情。我明白，寻找到我们独有的差异化味道是当务之急。我费尽心机想要摆脱连锁行业的局限，也暗自努力着，可总不能如愿。

2010年春季，我们开始全面实施具体的差异化战略。就在我下定决心要"彻底提升一下连锁咖啡的味道，抓住大众的口味"时，就遇见了绝妙的因缘。一位从进口咖啡生豆到现场指挥的总负责人打电话给我，他激动地说在美国遇到了一位能够救活我们咖啡味道的高手。从电话那端传来的激动声音来看，好像此人真的很不一般。

"到底是遇到了什么人？"

原来，我们的负责人在美国偶然遇见了这位高手——他在韩国积累了10年现场经验，并且负责着专业人士的培训工作；2010年美国咖啡师冠军赛（U.S. Cup Taster Championship）中获得头奖的东方人也是他。虽然因为不是美国国籍的关系，未能得到官方的颁奖，但在大赛期间，他摘得了所有分赛的头冠，引起大家的关注。

在东方一个小国家，而且是原豆咖啡历史并不长的韩国，竟然出了位打败美国人的高手……我开始对这个人充满好奇。几天后，我和他面对面坐了下来。像所有的专业咖啡师那样，他言行之中流露出一种冷静的气息，给我留下很好的印象。

"我想推出与其他咖啡店不同的、只属于我们自己的咖啡味道……您怎么想呢？"

我跟他谈起我们在巴西的依帕内玛筹备建立100万平方米的caffé

bene专用咖啡农场,而且现在正在商讨签约的事情。看得出他很吃惊。我又补充道,我们不准备从咖啡豆供给商那里进货,而是计划从生豆生产,到后期烘焙,全方位地掌控所有工序。这时,他脸上开始泛起红光。

开始还半信半疑的他,当听到我们这家咖啡连锁公司要直接做烘焙时,眼里开始放光。他开始分析世界咖啡当下的流行趋势。他说,不仅餐饮界在追求健康饮食,咖啡界也有自己的人气产品,那就是能够最大限度地保留咖啡豆原味的咖啡。换句话说,使用优质的咖啡生豆,就能更好地留存那种自然的味道。为此,就不能将咖啡生豆炒成黑色。即,用中度烘焙(Medium Roast)方法来突出咖啡豆的天然味道,就能打造caffé bene独有的咖啡味道。

当然,这一切的前提就是使用优质的咖啡生豆。听完他的想法,我意识到,既然我们已经签下巴西专用农场,那就有条件做一次全新的挑战。出于对新味道的无限向往,我坚定地向他伸出了手。

意气相投!

caffé bene的特制咖啡探索就此迈出了第一步。那就是我和现任咖啡事业本部崔俊浩本部长的第一次见面。他以课长的身份入社,两年内晋升到常务级别的本部长职位,也成为备受关注的超速晋升主角。我对毫无职场经验的他伸出友好之手,他也紧紧回握住我的手,期待在caffé bene施展才能。

从那时起,研发室一角多了一道执着的影子。他从自己引进来

冲到最后一刻：
Caffé bene领军韩国咖啡市场的秘密

的生豆中再挑选出上乘的咖啡豆，用中等炒制——即中度烘焙的方法炒好生豆后，提取出咖啡，每天记录下液体的种类、火的强弱、研究室的湿度，等等，为了创造出独一无二的味道，与咖啡展开激烈的奋战。正巧这时烘焙工厂竣工，我们发自内心地感叹道，制作独家口味的绝好机会到来了。

终于迎来了公司员工试饮的日子。平日里扬言要用中度烘焙打造出特有咖啡味道的我，也在试饮会来临的这一刻变得异常紧张。到底会得到怎样的答案呢……我没放过任何一个员工的表情。有人表情凝重，有人不断摇头。调查问卷上绝大多数写着"味道奇怪""过于清淡"。

也有些员工不加掩饰，直接皱着眉头说："味道怎么这样？"啊？我们精选了最好的生豆，以及保存生豆原有香气的中度烘焙，为什么最后提炼出来的却是味道很奇怪的咖啡？其实原因很简单。因为大家之前都喝惯了炒制成熟的苦咖啡。而且这些凭借丰富的职场经验来到公司的员工，大部分都有着大型咖啡连锁店的从业背景，他们的口味固化也是正常的事。

其实顾客们的口感也一样。过去喝到的咖啡，咖啡豆都不是现场直接烘焙，而是由生豆提供商提供已经烘焙成熟的咖啡豆，而这也是当时行业内的通用方法。鉴于此，突然品尝到陌生的味道，觉得奇怪也很正常。

"味道太淡了。""怎么有股很浓的酸味？"

顾客们的口感也已经被深度烘焙的苦味咖啡驯化，没法放宽心来细细品味我们独创的咖啡味道，反而更像是面对着一杯味道怪怪的异类。而且外界将我们定位成靠明星营销起家，不懂得咖啡真味的公司，很多人因为先入为主的偏见，总感觉我们制作的咖啡不好喝。这一次，我们请了一些从国外留学回来的学生进行试饮。

"啊？我们国内竟然也有这样的味道？这和在美国喝到的味道很相似呀。"

这时咖啡组员工的表情才慢慢缓和过来。的确，咖啡这种产品带有很强的个性化，会随着每个人的爱好取向不同得到不同的评价。那么，我们干脆大胆放手推一把，将这种特有的味道端上桌面，让大家了解什么才是真正的咖啡味道吧！虽说众口难调，但我心中却有股说不清、道不明的自信心。原本并不看好这种味道的员工和顾客，他们的眼神也在慢慢改变了。

从过去的苦咖啡，到中度烘焙后特有的丰富口感，这种味道的转变，慢慢吸引来一批顾客，他们不再讽刺我们不专业，真心接纳并认可了这种caffé bene的独有味道。"从咖啡豆生产源头起把好每一道工序，为大家带来最棒的味道"，我的这一点自信心，从未改变过。

如今咖啡专家也在背后称赞caffé bene的执着和对咖啡事业做出的功劳。我也能深切地体会到，人们对中度烘焙的认识在逐渐转变。甚至最近国内举办的国际咖啡冠军赛主办方也向我咨询，希望用我们caffé bene的咖啡豆作为大会的专用生豆，可见专业人士都已经敞开心扉接受了我们的味道。我备感欣慰。

现在也有很多传闻，说某些很知名的国际化咖啡连锁公司也准备开辟一些中度烘焙菜单。我再次肯定了一点，那就是我们caffé bene为追求卓越味道而做的无数次实验没有白费。如果还有人说"caffé bene里除了咖啡，其余的味道都好"，我就会挺起胸脯站起来，对他说："那么，请来做一次盲测（Blind Test）吧？"

07 追求新颖独特的事物

我希望,
更多的年轻人通过caffé bene
提供的文化空间和多样的文化体验,
学习到无穷的知识,
并最终实现心中那份
更大、更美好的梦想。

夏季的济州岛,强烈的阳光照射和超过30摄氏度的高温,酷暑在肆虐。但是,浅绿色大海里翻卷着的波浪,大树底下围起的浓密树荫,已经足以安慰我在嘈杂城市里变得疲倦的身心。在济州岛享受短暂休假的我,躺在树荫里翻看着1000多份提议书。

"哎哟,这么多资料什么时候才能看完……来度个假竟然还要工作,唉!"

冲到最后一刻：
caffé bene领军韩国咖啡市场的秘密

但是这些都是顾客寄来的宝贵的提议书，容不得糊弄。虽然很想沉浸在清凉的海风和清脆的波涛声中，但我还是拍了拍脸，重新打起精神继续读。我放下caffé bene老板的身份，认真读着每一位顾客的心声。看着顾客提到的想法，有时候我会赶紧提笔做下记录，有时候又会为一些奇思异想兀自发笑。不知情的人看到我这副模样，肯定会误认为我在悠闲地看着某本有趣的小说。

因为提议书数量庞大，有时候我干脆请家人们谅解，然后专心从早到晚审读这些提案，直到翻页翻得手指发麻。可是一碰到有趣的提议，这股指端的难过就会瞬间被我遗忘。

在我格外关注的提议书中，有一份是和物品租借服务相关的。这位顾客提议咖啡店为顾客提供租借服务。综合那些内容，主要是涉及女性用品、雨伞、笔记本电脑、拖鞋的租借。我回到首尔后，即刻组建了专案小组（TFT，Task Force Team），着手准备这些服务。

从那天起，caffé bene的黄金提案小组开始行动。包括崔炳木部长在内的营销组全体成员都参与了进来。这些二三十岁的年轻员工聚在一起，自然产生了协同效应。专案小组成员们就租借服务的可行性展开了讨论。

"关于拖鞋租借服务，虽然拖鞋的设计很重要，但卫生方面的问题更要考虑周全。顾客在外面走动一整天，到了caffé bene换上拖鞋，的确能获得充分的休息。但是如果拖鞋不卫生，他们不会轻易租借。拖鞋采用塑料材质会比较理想。另外加盟店没法经常清洗，所以我们还要同时为加盟店配送消毒器。"

交换了各种意见之后，最终决定实施拖鞋租借服务，并向中国工厂订购了2000双拖鞋。大约过了1个月，我正好与caffé bene加盟店的各位代表们共进午餐。

"这次caffé bene的服务质量又要提高一个层次了。敬请大家期待啦。"

我自信满满地将之前的努力讲给大家听。可意外的是，加盟店代表们的反应并不热烈。

"代表，这项服务真的不能做。怎么能租借拖鞋呢？店里的周转率本来就有所下滑，如果提供了这种服务，那销售额就真的很难提升了。"

这位反对拖鞋租借服务的加盟店代表，是从加拿大留学回来的高学历人士，受过多种文化的熏陶。他运营的caffé bene加盟店也一直是业绩比较好的店面。

"其他的服务我们都欢迎。尤其是租借笔记本电脑，这个主意非常好。"

很庆幸，他没有拒绝所有的租借服务，仅是对拖鞋租借表示不满。其他代表也都持有同样的观点。听到这个反馈，我紧急叫来总管caffé bene业务的金在日副会长，商量下一步对策。

"副会长，这件事如何是好？加盟商的话有道理。但是我们早已向中国工厂下了订单……一定要放弃吗？"

冲到最后一刻：
caffé bene领军韩国咖啡市场的秘密

副会长在韩国能率协会做了20多年的企业咨询顾问，在2008年11月加入到caffé bene。最初他坚持拒绝进入caffé bene。但是我向他展示了caffé bene长远的国际化规划，经过6个月的劝说终于打动了他。听完我的苦恼之后，他思考片刻，冷静地说：

"拖鞋租借服务，可以说是航空公司头等舱水准的服务，的确能给顾客带来舒适。如果现在实施起来比较困难，可以先保留意见。其实这并不是一个差到会阻碍店面周转率的坏主意。万一被保留，我想将来总有一天会再被提上日程。"

我再次陷入苦思中。副会长的意见也有道理。尤其是他提到早晚有一天能做，而且是应该做的服务，这一点点醒了我。即便现在不能立即实施，将来还是可以做的，所以没有必要浪费时间为此事和加盟商发生争执。于是我在租借服务中删除了拖鞋这一项。

当然，本部从中国定制的拖鞋没有用处了。但是既然已经签约，就只能给对方支付违约金了。但是这个违约金也不是完全可惜。虽然支付了昂贵的学习费用，但是却让我重新认识了一个问题，即以现场为主的经营是多么的重要。

除了拖鞋之外的其他租借服务都在加盟店里推行开来。就像这次一样，caffé bene通过各种各样的征集活动，收集大家的建议，有好的主意立即采纳，绝不迟疑。除了租借服务之外，我们的音乐直播节目"音乐直播间（On-Air Music）"也是一个颇具代表性的事例。

2010年7月开始放映的"音乐直播间"，是caffé bene自运营的音乐节目，它以20世纪七八十年代的"记忆中的音乐茶座"为主要题材。那个年代里，没有现在这般多样化的文化空间，当时的音乐茶座就是年轻人消除文化矛盾的地方。"音乐直播间"栏目分两个时段播出，分别是顾客最多的12点—14点和18点—20点。无论你在国内的哪个角落，只要拿起手机发出短信，或者到网页留言板上写下自己想要听的音乐，并且写出音乐背后的故事，那么就能点播歌曲。现在"音乐直播间"每天平均有200个点歌申请发进来，可见顾客十分喜爱我们的节目。

顾客们通过"音乐直播间"和DJ沟通感情，讲述过去，也在此结下新的因缘。有些人通过caffé bene音乐直播栏目来求婚，又有些人为了度过特殊的纪念日，参与到直播栏目中来。这样的顾客越来越多。还有在caffé bene里相亲认识的年轻人，后来变成恋人后，每到纪念日，他们就会来到店里，给音乐直播间的听众讲述两个人的故事。

有些顾客思念参军的男友，也会来此和DJ一起数着倒计时，与大家一起分享过去的回忆。顾客们纷纷对我们的音乐节目表示感谢，感谢我们提供回忆往事的机会，感谢和音乐节目一起度过的愉快时间，等等。所有企业都渴望的故事营销，就这样简单地在caffé bene和顾客自发性的互动里实现了。

事实上，"音乐直播间"诞生的过程并不是那么顺畅。我们遇到很多需要做出取舍的瞬间。虽然是自己运营的音乐节目，但也需要很多投资。本部需要腾出栏目专用的广播室,各个加盟店需要安置播放节目的配套设施,此外还需要聘请专业的节目主持人。费用必不可少,可更严重的问题是反对的呼声很高。因为他们觉得"记忆中的音乐茶座"的概念和最新的流行趋势并不匹配,也缺乏新意。

"和咖啡最搭配的音乐是爵士乐。""你打算回归到20世纪70年代吗?""品牌形象会下滑。"

可我还是持不同的看法。虽然这是过去的旧东西,但如果它给人带来的感性效果与caffé bene不谋而合的话,就要果断地去尝试。当然,形式上过于老旧、没有新意的要素可以撇掉,打造出成熟的感觉,最大限度地再现20世纪70年代音乐茶座的那种丰富情感,让追求新颖独特的年轻人的欲望得到满足。

除了"音乐直播间",caffé bene还做过许许多多的文化营销,努力与顾客进行沟通,也为形成一种全新的咖啡店文化密码而不断做尝试。从2011年9月开始,caffé bene将每月的6号定为"bene日",让顾客以四折、五折的优惠价格欣赏到高水准的文化公演。另外,也是从2011年开始,我们每年以年满18周岁的会员为对象,募集"欧洲文化探险队"。例如2011年游历法国和比利时,2012年参观意大利的米兰、博洛尼亚、那不勒斯、罗马和佛罗伦萨等地,让大家直接体验包括咖啡在内的欧洲饮食文化。

虽然人数有限,但是能让caffé bene的顾客踏上咖啡、披萨、意大利面的原产国,学习和体验他们的历史和传统,它的意义不只是单纯的旅行和体验学习了。我希望那些制作了100多年奶酪的人的热情和工匠精神，能够深深植入到参加体验团的年轻人心底。

我希望他们能够读懂不断继承优秀传统的欧洲人的自豪感和自尊心。不管他们将来在什么地方做什么事情，这次从历史悠久的欧洲文化体验之旅中获得的感动，都将成为他们巨大的资产。而这正是caffe bene给这片土地上的青年们送上的小小礼物，也是能让他们的梦想生根发芽的珍贵种子。

一位欧洲文化探险队队员的来信

致尊敬的金善权代表：

您好！

我是欧洲探险队2期的朴现实。

我在意大利度过了11天9夜的时光，

至今仍无法平复内心的激动。

我在此次旅行团队中年龄最小，也毫无国外旅行经历。

过去，我是生活在中京畿道条里邑奉日川里地区的，

迫切渴望到外面广阔的世界走一遭的21岁大学生。

而这次我真的如愿以偿，离开故乡，到国外学习了很多东西。

这一趟意大利之行，我不只学习了他们的饮食和文化，

冲到最后一刻：
caffé bene领军韩国咖啡市场的秘密

还领悟到了学习历史的理由，以及现在该如何生存下去的方法。

我明白了忆苦思甜的道理，了解了过去后，更加感恩现在的生活。

同时也深刻体会到，在这个广阔的世界和自然中，

人类是多么渺小的存在。

今天，我很自豪地说出探险队的经历，

也希望与代表分享更多的故事。

梦想做一名广告人的我，朴现实，

将来定在广告公司不断修炼，等到制作caffé bene广告的那一天，

那时，期待与您的相遇。

2012年7月26日

朴现实 呈上

即便我们caffé bene像这样从未停歇过尝试的脚步，梦想打造"复合文化空间"的目标依旧尚未实现。说不定它永远无法彻底实现。因为，所谓"完美"的复合文化空间，从一开始就不存在。我们只不过是承载着更多、更好的东西，在时间和历史空间里不断努力而已。我希望，更多的年轻人通过caffé bene提供的文化空间和多样的文化体验，学习到无穷的知识，并最终实现心中那份更大、更美好的梦想。

08　一杯咖啡中沉淀的哲学

是谁说
青年人没有梦想？
我第一个站起来反对。

他们的梦想是那么多姿多彩，
而且他们拥有足够的能力
去实现那些梦想。

咖啡不是饮料。咖啡是文化，是哲学。一杯咖啡，能促成一次约定、告白、和解。我思索问题和自我反省的时候，手边总离不开咖啡。即使眼前的咖啡已经冷却，人们依然会畅所欲言，分享彼此的思想。所以说，咖啡不是滋润喉咙的饮料，而是连接人与人、心与心的桥梁。

在caffé bene，有很多像咖啡一样充当爱心信使的人。他们就是站在顾客和顾客、顾客和caffé bene之间的"青年志愿团"。我对青

冲到最后一刻：
caffé bene领军韩国咖啡市场的秘密

年志愿团和欧洲文化探险队有着同样独特的感情。工作再繁忙，我都尽量抽空去参与他们的活动。我还随青年志愿团到印度尼西亚做过志愿者。和他们在一起，总能令我产生巨大的能量。

在青年志愿团的建团仪式和闭幕仪式上，我会和这些年轻人进行深度的交谈。他们身上散发的青春的味道令人陶醉，他们的热情和勇往直前的挑战精神也让我感到惊讶。我欣赏他们的自信和大爱。是谁说青年人没有梦想？我第一个站起来反对。他们的梦想是那么多姿多彩，而且他们拥有足够的能力去实现那些梦想。因此，我也会推荐这些年轻朋友到店里来。

"你在caffé bene上班了？"

据说在caffé bene青年志愿团做事的大学生经常被朋友问到这个问题。他们不拿月薪，却总是随传随到，对团里的事情非常用心，的确会让人感到诧异。

caffé bene青年志愿团并不是为caffé bene做志愿者，而是为了"我们"而行动。志愿团找到地球村里的贫弱邻居，用自己的双手和心灵来帮助他们，让大家变成"我们"。所以，caffé bene也发自内心地支援着这些年轻人。

2009年冬天，caffé bene即将成立100号分店时，开始招募第1期caffé bene青年志愿团。2010年1月，青年志愿团访问了咖啡生产国印度尼西亚的巴纽旺宣，给当地120名儿童捐助了1年的教育费用。志愿者还和当地居民一起进行咖啡采摘、咖啡树栽培、剪枝、施肥、拔草等活动，充分体验一杯咖啡的来之不易。此次行程的目的也在于此——让青年人亲身体会咖啡生产国的环境和咖啡培育过程，提高对咖啡以及咖啡文化的理解。目的达到了，这些青年志愿者在认识咖啡之余，更深深领悟到咖啡生产者的辛苦，感叹他们流下的汗水和泪水。

"如今，每端起一杯咖啡，就会想起在咖啡农场做志愿者的日子。因为我们知道一杯咖啡背后有多少人在辛勤劳作，所以就更加珍惜。"

那次6天4夜的志愿团活动，不仅让大家了解和爱上了咖啡，更让大家学会了感恩。看得出来，他们心底对地球村邻居充满了感激和热爱。我也从他们身上看到了我们这片土地的未来。

2011年3月，一次8天6夜的行程再度开启。这次，第2期caffé bene青年志愿团再次踏上印度尼西亚的巴纽旺宣。与第1期一样，第2期的志愿活动也不是出于"施舍"和"救济"，大家的目的是实现人和人之间的交流沟通。第2期caffé bene青年志愿团在巴纽旺宣体验了咖啡栽培过程，还先后展开医疗美容、图书馆修建、房屋修缮等志愿活动。随后到达卡瓦伊真火山带，动手搬运硫黄，体验了当地劳动者的艰辛生活。

"我只提着15公斤硫黄下山，就累得够呛。这里的劳动者一次就要搬运80公斤，真的是太不可思议了。想到他们的劳累，我突然意识到自己是多么幸福。"

多么美丽的年轻人，他们经历过痛苦，学会感恩现在的生活。同时我也明白了，志愿活动的最大受益者不是别人，而是这些志愿者。

冲到最后一刻：
caffé bene领军韩国咖啡市场的秘密

我自己也在志愿活动期间增长了知识，对包括咖啡生产者在内的caffé bene所有同伴们的感激之心，也在不断膨胀。一颗咖啡种子在土地里生根发芽，最后成为一杯咖啡，那份香气历久弥新。同样，caffé bene青年志愿团的活动也随着时间的推移，香气越来越浓。

2011年12月招募的第3期caffé bene青年志愿团，除了延续前两期成员做过的志愿活动，回到韩国后，他们仍继续寻找缺少爱的邻居，主动献出心中的一片爱。他们还参与到为帮助心脏病儿童而举办的"分享香气马拉松"中。为了对他们的美好心灵表示支持，团员们每跑1公里，caffé bene就捐出1万韩元。最后将总额200万韩元的爱心捐款，以第3期caffé bene青年志愿团的名义捐给了"韩国心脏财团"。

接着，第4期caffé bene青年志愿团成立，我们将人员数大幅提升到100名，活动时间也延长至6个月。因为通过前3期的印度尼西亚咖啡农场活动，我已然肯定了这些青年们的热情，从事志愿活动的毅力，以及他们对邻居的爱。我希望那份真心的浓香，不只留在国外，在国内也能继续传播下去。

caffé bene公司成立了"青年志愿团事务所"，开始策划规模性的国内志愿活动。第4期的团员们通过制订未来6个月的志愿活动计划，思考着如何能给更多人带去真正的帮助。他们的第一站是残疾人疗养机构——东国疗养院，他们清洗衣物，打扫卫生，美化环境，陪疗养院的老人们散步聊天，成功地传播了爱心。

接下来，他们又来到忠清南道青阳郡的"山花村庄"，进行了农田劳作、绘制村口标志、搬运垃圾、照顾花草等农村志愿活动。另外，他们还在韩国红十字会接受了救灾教育，以便在未来发生紧急灾难时能立即进行救援活动。每位志愿者都很认真地对待这次培训。随着他们的活动领域不断拓宽，分享爱心的意志更加坚定，我对他们的爱和信任也更加牢固。

我对为志愿团活动提供后援的公司员工说，"我们为志愿团做志愿活动吧"。为青年志愿团做志愿活动，就如同为咖啡种子浇水、施肥。只有咖啡树健康地生长，才能生产出高质量的果实，才能用浓郁的咖啡香气让世界变得更加美丽。青年志愿者的心中种满了爱，而我们caffé bene的任务就是精心栽培，让那些爱心茁壮成长。

caffé bene运作了一个叫作"Befy，拜托你"的偿愿项目（注：Befy是caffé bene咖啡店吉祥物的名字）。只要在caffé bene的主页上写下自己的情由，我们就会帮助大家实现愿望。这个项目的主力军，即帮助申请人实现愿望的主人公，就是我们青年志愿团的团员。

一对夫妇结婚7年，却因家境贫穷未能举办婚礼，志愿者便准备为他们拍摄婚纱照。一位江原道乡村老师希望和相处1年的孩子们举办一场朴素的聚餐，志愿者便动身前往江原道安排聚会。一位单身母亲的愿望是为两个子女置备书桌和书橱，为了给这位单身妈妈带去希望，志愿者动身去了济州岛。一个孩子希望妈妈开的店里能够人满为患、座无虚席，志愿团的成员们便动员自己的亲朋好友，结伴来到那位申请者母亲的店里。

冲到最后一刻：
caffé bene领军韩国咖啡市场的秘密

　　因为了解他们的无私奉献和分享大爱的精神，我一直在积极支持和回应他们。当公司内部有喜庆活动时，我总会先邀请志愿团。我尊重他们，支持他们，我也相信他们会继续支持他人，助人为乐。任期结束后，为了让他们和caffé bene的因缘更长久，我还任命他们做caffé bene的宣传大使。这样，欧洲文化探险队叫作"Bene欧"，青年志愿团叫作"Bene宣"。

　　对于青年志愿团团员，我不只是喜欢，我更尊重他们。他们的热情，不单单是年轻气盛的霸气，更是一份能够真正改变世界的力量。从2010年开始，他们就为caffé bene的成长贡献了力量。其中有几位团员给我留下了深刻的印象。当时我正在思索进军纽约的事情。

　　当时，从纽约留学回来的许秀珍团员曾提出很妙的建议，促使我快速做出进军纽约的决断。另外，第1期志愿团里体格健硕的安大善团员，主动承担起老大哥的责任，让团员之间亲密得如同家人。海军大学毕业的陈尚宪团员总是冲锋前阵，所有活动中都能看到他的影子，活脱脱一个激情四射的有为青年。正是有这样热情的团员，才使得青年志愿团的扩编顺利进行。我在2012年设立了青年志愿团事务所，并购置了一辆起名为"Bene嗡嗡"的专用大巴车，为更加体系化的志愿活动提供便利。

　　看着他们，我又陷入愉快的想象中。20年后的青年志愿团家族聚会上，肯定会超过2000人了。那意味着，凭借caffé bene青年志愿团的人际网，又将打造出另一个完美的社会网络。

Chapter 4

向世界舞台进军的 caffé bene

冲到最后一刻：
Caffé bene领军韩国咖啡市场的秘密

最近在社会上，

听到"危机""绝望"之类的单词是常态，

听到"希望"这个单词是期望，

听到"梦想"和"挑战"这样的单词简直就成了奢望。

但是我却觉得，

正因为世界太错综复杂，

我们反而可以无畏地尝试挑战。

所以，我才勇敢站出来挑战，

希望以国际咖啡市场主角的身份

屹立在咖啡宗主国——美国的正中央。

01 激发工作的热情和责任心

责任感
是能让你内心的渴望和梦想成真的力量,
是所有领导都欣赏的品质。

有热情的人,
在哪里都会发光。

乡村小子当上了社长,而且还是一个遍布全国的咖啡店连锁公司的CEO！可那又怎样？我依然为生存的问题而苦恼,内心有一种被逼到悬崖边的紧迫感。我总是问自己:

"万一我丢掉了这一切,怎么办？"

即便我丢掉了一切,也不会一蹶不振,整日流泪。我会为照顾家人而出去蹬三轮车。"caffé bene的社长去蹬三轮车啦！"这种调侃，我肯定能左耳进右耳出。这是我对"家长"的认知。这是身为一个父亲、丈夫的责任。

我认识这样一个人：他拥有一流的学识背景，却没有一份像样的工作，没有能任他吃喝玩乐的富裕家境，而且跟我一样，他也是别人的父亲和丈夫。他每日无精打采，却不愿吃苦做一些体力活。对此我不敢苟同。期待一份环境好、待遇好的工作虽然没有错，但是，你还要兼顾家人的生计，这才叫一家之长。与其成天无所事事地捧着报纸找工作，不如上街蹬三轮车，挣点钱给家人做生活费。至少我认为的"家长""家长的责任"应该是这个样子。

我们外部的环境随时可能改变。三代富商可以一夜破产，昨天的高管能一夜成为失业者。全国性的经济危机，也能让所有家庭都沦陷。你想过没有，当那种情况发生时，你应该怎样继续生存？哪怕你只思考过一次，也能轻易得出答案。

当家里的粮食用尽，为了不饿死，哪怕是路边上的草根我们也要拔来吃。环境只要一变动，你的境遇很可能急转直下。如果你知道这些，那么为了家人蹬三轮车，就不算什么了。

身为家长的责任感很强的人，对职场中的工作也能很负责。哪怕是别人手里的烂摊子，一旦放在你的手里，你也一定要做好。或者本不属于你的分内事，但是为了公司和组织的发展，你也有义务站出来去完成它。这样的责任感，是能让你内心的渴望和梦想成真的力量，是所有领导都欣赏的品质。

我招聘员工的第一个条件就是热情。只要你有从釜山骑自行车到首尔参加面试的热情，我们caffé bene一定欢迎。比起有能力的人，我更喜欢有激情的人。比起拥有华丽背景的人，我更看重能主动加班工作的人。我评价一个人的热情的标准，首先就是"对工作的执着"。例如，一旦接手了某事，就要尽全力将它彻底解决干净。而要想做到这一点，首先就不能被工作时间束缚。当然，这并不意味着我喜欢每天都加班的员工。我希望我看中的那个人，可以为了完成手中的工作，不分昼夜，不吝啬周末，毫无保留地投入自己的热情。

在caffé bene，的确有不少员工，不用别人要求，主动加班到深夜。那可能是为了第二天要提交的报告，可能是为了整理一份突如其来的灵感。不论是什么理由，只要是自发性的加班行为，都能让我感动。

深夜的caffé bene，依然有几间办公室亮着灯。我会主动叫来外卖，然后邀请所有加班的人一起吃。当然，因为我的外事也很频繁，所以不能每天都做这种举动，但一两周做一次的频率还是可以保证的。说不定这就是我们公司和大企业之间的文化差异。任何好事，我都首先想到自己的员工，我也一直为他们的梦想和热情伸出援手。

有热情的人，在哪里都会发光。所以，我希望那些有热情的朋友们能和我一起走得更远。我最近也一直在考虑，怎样做能激发他们更大的热情。我得出的结论就是成立一个创业项目，为那些有创业愿望的员工们，提供公司方面的援助。

只要有员工想成为将来的caffé bene社长，要做black'smith社长，我都会开辟一条路，让他们有机会如愿以偿。比如，在公司工作几年之后，只要本人愿意，公司就支持他创业。只有这样，才能让他们朝着美好的未来不断奋进。而我们caffé bene员工的热情和责任心，在纽约也发了光。caffé bene纽约1号店开店前的2个月，就开始进行人才招聘。为了在咖啡天堂纽约一炮打响，他们更是在招聘咖啡师时投入了精诚。

因为纽约分店几乎是24小时营业，所以需要聘用10名以上的咖啡师。仅仅是早上，就需要4名咖啡师上阵做咖啡。而且时不时涌来一批附近的顾客，所以我们对咖啡师提出了最简单，也最苛刻的要求。熟练操作咖啡机，制作出高水准的咖啡味道，这是最为基本的能力。

面对一个接一个的订单，咖啡师需要凭借对工作的热情和责任心来稳定情绪。可面试时，并没有遇到太多激情四射、责任心超群的人。终于有一天，来了一位很符合要求的咖啡师。经过能力测试后，我们的员工表示要聘请他做主咖啡师。但是，他却拒绝了。

"在这里工作缺乏安全感。这是你们到美国做的1号店，谁知道将来会是怎样的结果呢？我还是打算继续留在现在工作的咖啡店里。"

员工们自尊心受伤，同时为错过一位优秀的咖啡师感到遗憾。可是咖啡师本人拒绝来我们店里工作，他们也没有其他的方法。但是不久后，我们的员工直接找到了他工作的咖啡店。即便不能像刘备三顾茅庐般打动对方，至少能了解一下到底是怎样的咖啡店，让这位优秀咖啡师舍不得离开。

不出所料，那是个任谁都想在这里工作的温馨雅致的咖啡店。我们员工作为客人而来，点了一份拿铁咖啡。咖啡师也没令人失望。熟练的手法，热情四溢的眼神，跟几周前面试时的情形一模一样。他递过来的拿铁咖啡里还有3朵郁金香。当然，咖啡味道也是一流。

看着眼前发出无限感叹的员工，他露出的表情像在说："第一次见这个？"礼尚往来，既然收到了礼物，当然要回礼。于是，我们的员工又点了一杯拿铁咖啡。但是这次，他希望由自己亲手做咖啡。那时，咖啡店里的顾客、咖啡店的老板，还有这位咖啡师，大家都笑成一团。咖啡师说，你若能做就试一试吧。

"哇！"

看到我们员工熟练的手法时，那些嘲笑声慢慢变成了惊叹。我们员工给他做了一杯9朵郁金香的拿铁咖啡作为报答，然后径直走出了咖啡店。当他推开店门走出来时，身后传来"留步"的声音。是咖啡店的老板，还有那位咖啡师，他们希望我们员工能够进店一谈。直到那时，这位咖啡师才知道，我们的员工就是当时面试过他的咖啡店的咖啡师。

很快，那天的事情传扬开来。许多能力超群的咖啡师都到caffé bene纽约办公室里来面试，他们比之前来的应聘者更加优秀。最后，有14位咖啡师加入了我们caffé bene纽约1号店。

冲到最后一刻：
caffé bene领军韩国咖啡市场的秘密

我对那位挽回我们caffé bene尊严的员工的手艺感到很惊讶，更重要的是，他穿梭在陌生的纽约巷头，前去造访那家咖啡店的热情，让我感叹。我相信，是内心的工作热情和完成招聘任务的责任感，牵引他走到了那里。

对工作有无限热情和责任感的人才，哪家企业都会欢迎。从1973年将那个乡村小仓库发展成拥有数百家连锁公司、年销售额达数亿美元的"日本电产"，创造出商业奇迹的永守重信，也将人才标准定为热情和责任感。他在1978年颁布了一份《希望尽早离开的员工名录》，在那份名录里，全部都是缺乏热情和责任感的员工。

热情和责任感并不是天生的。而且，后天的努力比先天能力更有用。现在，我也为自己不比别人逊色的热情和责任心感到自豪，但回顾小时候的我，并不是每次都能靠责任感做事。有时我会不听父母的话，与朋友的约定也不能遵守。但是经过后来的历练，我分明变成了一个做事负责的人。

如果一个负责任的行动让你体会到喜悦和满足，那么努力让一变成二就行了。在这个努力进步的过程中，我们会变得更加有责任感，更加强大。如果在华丽的学识背景之下，还能拥有无限的热情和责任感，你一定会成为所有公司争抢的人才。

02 梦想有多大，成功就有多大

要想诚实做梦，
就不能只用嘴来谈梦想；
不能只用大脑去想，
也不能只用心去感受。

梦想，要在你奉献了自己的所有，
集中自己所有的时间和全部的精力，
不断付出努力后，才可能实现。

美国南北战争爆发时，林肯总统未能顺利占据战争优势。反对林肯政权的南部联盟兵力雄厚，而北方的正规军兵力不足16000人，总司令也已年过七旬，马上面临退役。

林肯为整编军队，连续更换过几次总司令，但都不满意。后来，他来到了当时在北军中颇有声望的麦克莱伦将军家中。外出回家的麦克莱伦将军明知总统在接待室等待，却爱答不理，一头钻进了卧室。

冲到最后一刻：
Caffé bene领军韩国咖啡市场的秘密

"简直太狂妄了！总统亲自来到他的家中，他却这般失礼！"

林肯总统随行的秘书火冒三丈，声讨着将军的无礼行为。林肯总统安抚下随行人员的情绪，冷静地说：

"只要将军能在这场战争中打胜仗，我情愿为他牵马。"

作为下属，竟敢对自己的直属上司兼国家总统视而不见。一国总统受到这种耻辱，简直太荒谬了，但林肯为了得到自己想要的东西，选择了隐忍，他放下了自己的脸面和自尊心。

其实我想强调的就是"诚实做梦"这句话。我现在坐在飞往纽约的飞机中整理着最后的文稿。这趟航班的航行时间大约13小时，却在我的审稿中变短了，一路也不像以往那般疲劳。这本书稿的出版是在2011年7月决定下来的。但是现在我依然不敢置信。我不知道自己走过的这条路，是否值得讲给众多年轻人听。

"现在我才四十多岁……

"将来我还要继续面对很多艰难险阻……

"竞争这么激烈，10年后都不晓得我还在不在……"

每当想到这些，我就总想推迟本书的出版。可即便如此，我仍然想大声跟大家说一句话。如果你现在读了我的故事，忘记其他所有的内容都没关系，但这句话一定要记清楚：

"诚实做梦，热切追梦！"

年轻时我曾跟一位朋友谈论梦想。那位朋友家境十分殷实。听着他对自己的梦想侃侃而谈，说实话我真的很羡慕他。他有一个很棒的事业规划。最重要的是有很多人能够帮助他实现这份梦想。不用太久，他一定能成功。这一点，我坚信不疑。

大约过去1年的时间。我们再次见面时，那个朋友没有太大的变化。他重复着1年前说的内容，当时我也没太在意，这次见面就这样结束了。后来，当我以连锁企业家的身份站稳脚跟时，我再次遇见了他。他，仍像数年前那样基本没有变化。

我那时才明白，要想诚实做梦，就不能只用嘴来谈梦想，不能只用大脑去想，也不能只用心去感受。梦想，要在你奉献了自己的所有，集中自己所有的时间和全部的精力，不断付出努力后，才可能实现。这就是梦想的真相。

我还要跟年轻人们强调一句话。如果你非要在10年后有所作为，非要取得100%的成功，那么，就将注意力全部集中在你的目标上吧。现在你什么都不需要，当然，金钱也不需要。你只需要把现在拥有的时间、思想、行动等所有东西都集中在目标上，只要不放弃努力就可以了。

只要你能对梦想诚实，那么达成目标的具体方法就会一一浮现。回顾自己的经历，我明白了一点，能左右成败的是梦想的大小，而不是公司的大小。青年们，勇敢些，想象着10年后的那个你，放飞一个更远大的梦想吧！

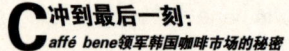

冲到最后一刻：
Caffé bene领军韩国咖啡市场的秘密

03 敌军大本营是最好的学校

光是想到
我们caffé bene打造的韩国本土咖啡品牌
能在纽约曼哈顿中心见到，
我浑身就开始战栗，
那种感动的心情简直无以言表。

"我们国家的厢房文化，到了国外也能行得通吗？"

caffé bene准备进军美国时，很多人认为我没有直视现实，觉得这是天方夜谭。我在某种程度上能理解他们的反应。纽约是一个热情洋溢，而且变化极其迅速的城市。它甚至能左右全世界的经济态势。如今我要在那里成立以"欧洲悠闲文化"和"韩国厢房文化"为主题概念的caffé bene，这种想法听起来的确是一种脱离现实的挑战和梦想。

这可不是三星或LG等大企业在百老汇投放的大屏幕广告。光是想到我们caffé bene打造的韩国本土咖啡品牌能在纽约曼哈顿中心见到，我浑身就开始战栗，那种感动的心情简直无以言表。我无法忽视这种感觉。但我更是一个企业家，我不能让那些信任我的员工们失望。我必须正视这些现实问题。

从那时起，我开始在梦想和现实之间徘徊，制定纽约分店计划书。我拜访了很多人，也查了不少资料，无数遍地修改方案，希望得到一个能够实现的完美战略。在这个过程中，仍然有很多人拿着数据来劝说我，企图让我认清"客观"现实，在"还来得及"的时候放弃这个想法。但是，在看了那些数据后，我反而更加坚定了信念。

数字，真的能代表什么吗？看着各位专家为我罗列出的客观数据，我心里也有不小的压迫感。他们仿佛在说，写在纸上的这些数字就是不变的真理，如果我无视这些数字的提醒，将会惹祸上身。但是就像有人说的，数字就像是穿着泳衣的人，最终给人看到的并不是全部。你需要看清数字背后隐藏的各种变数和可能性。而我心中的梦想和caffé bene所有成员的热情，本身就是一种变数。而且进军纽约的发令枪早已打响了。我走上了这条路，而且是"至死不渝"的梦想之旅。在我将caffé bene海外1号店设在纽约，走出国际化的第一步时，不少投资方都问了同一个问题：

"为什么不从韩流正旺的东南亚开始做？"

的确，如果放弃东南亚，而选择在纽约开设海外1号店，却撑不到3年就撤退的话，我们面临的危机会更大。但是，如果能够跨越大山，那些小山就更容易过了。虽然在翻越高山的时候，会遇到很多的困难和考验，但是我的梦想不会变。

2010年10月，我利用中秋节休假去了纽约。我带着提前在首尔准备好的纽约建筑物资料，来到了曼哈顿。我访问了位于时代广场的每栋大楼，仔细观察这里的流动人口和商业圈。

在当地房屋中介和房地产公司的帮助下，我将世界经济中心兼旅游观光景点曼哈顿翻了个遍。这时，听说caffé bene要进军纽约的在美侨胞，也劝我不要毫无准备地入驻曼哈顿，不如先在纽约32街的唐人街试营业。非要在曼哈顿开分店，店面也不要超过150平方米。但是我希望在那里开设一家超过300平方米的大型门店。律师说我实在太不了解美国文化了。他说美国人不会和朋友在咖啡馆约会，更别提在这里谈生意了。他们习惯将咖啡打包带走，所以这儿的咖啡馆都不超过150平方米。

但我执意要开一家大型店面。如果我按照当地的规则来主营外卖咖啡，岂不是丧失了caffé bene自己的差异化特点？最后，2010年11月，我们将地址定在现在caffé bene纽约1号店所在的49街百老汇拐角处，并和楼主进行了面谈。楼主是一位犹太人，他在曼哈顿做房地产和餐饮业，是十分成功的企业家。他听说有首尔来的咖啡店要入住，用略微惊讶的表情看着我。也是，他在纽约经营着加拿大驰名品牌Tim Hortons咖啡连锁店，对咖啡行业也相当内行。但是他对这个来自韩国的咖啡品牌很陌生。我自豪地告诉他，在首尔，caffé bene的加盟店数量超过了星巴克门店。这时，他才问我打算在这个咖啡店上投资多少钱。

见他询问我们的投资计划，我便自信地告诉他，每坪的投入按1000万韩元计算，那么200坪（约660平方米）的店面投资约为200万美元（2010年美元对韩元年均汇率为1美元=1156.3韩元，则200坪的投资额为1000万×200÷1156.3≈172.97万美元。——编者注）。就这样，我们达成了协议。后来我看到了合同的草案，合约里有一条明文规定，除了厨房厨具、椅子和桌子之外，我们需要为下一步将投资在店面墙壁装修上的200万美元提供财务担保。就是这样的一份合同草案，他们做了3个多月。终于到了签约的日子，我在电梯里偶遇了会计师。会计师看到我时说出的一句话，让我当场愣在原地：

"我在纽约生活了20多年，在签合约时做财务担保，这还是头一次。哈哈！"

我一下子拉下了脸。对于我和caffé bene来说，纽约的事业是何等重要，他们竟然拿着钱开玩笑？为了取得咖啡店的成功，我们自己本就计划投资巨额款项来配置更好的设施。而房主竟然担心我们实际上不会投入这笔资金，所以让会计师来做担保。刹那间，我的面部变得僵硬，我压抑不住内心的不快。

"这就是韩国咖啡的地位啊。话说回来，到底从什么时候开始，咖啡变成他们的东西了？"

冲到最后一刻：
Caffé bene领军韩国咖啡市场的秘密

签约时，我忍不住咬紧嘴唇。我脑海里再次闪过楼主的眼光和我身边人充满担忧的建言。但我还是慢慢平复了下来。我一直梦想着的进军世界大舞台，这才刚刚启程，我不能在起跑线上泄气。

我的跨国公司梦想，是在哥伦比亚、厄瓜多尔等南美洲旅行的过程中确立的。我和家人一起去旅行，暂时驻足在了一个安静的海边。二儿子泰强在海边吃着蛋卷冰淇淋，一不小心将冰淇淋掉在沙滩上。看着地上的冰淇淋，我们也无计可施，只得转身离开。可就在这时，后面突然传来"啊"的一声，那是泰强的声音。

我心里一惊，赶紧回身看去，才发现四周的人都冲过去争抢沙滩上掉落的冰淇淋。多么让人心酸的场景。我安抚了受惊的孩子，然后带着家人离开了海边。我们实在做不到若无其事地在这儿用餐了。离开了海边，我们请导游带领我们找一家韩国饭店。每次去国外旅行，我们都至少要吃一次韩餐。

"这儿没有韩国饭店。原来有过，但因为这儿的韩国侨胞不足100家，饭店收支不平衡，就经营不下去了。现在已经没有了。"

没有办法。我们只得来到附近的快餐店将就着吃了些汉堡。可是在吃着汉堡四处观望的同时，我却看到了一家日式料理餐厅。

"看来这儿住着不少日本人啊。有多少户日本人家呢？"

韩国饭店因为韩国侨胞数量少而关了门。那这儿开着日式料理餐厅，想必住着不少的日本人吧。可是听了导游的回答，我瞬间"石化"了。

"日本人的数量比咱们侨胞更少。"

这儿居住的日本人更少,可日式料理餐厅却营业得很好。瞬间有个想法闪过脑海。如今,让世人了解日本文化的不只是丰田和索尼,遍布各地的日式料理餐厅也是日本文化的传播者。刚才在海边看到的贫民肯定没去过日本,但是他们嘴里却说得出生鱼片、寿司、天妇罗之类的简单日本话。可我们呢?因为我在韩国做着餐饮连锁事业,所以此时更觉得惭愧。当时的记忆,促使我在筹备咖啡事业时就暗下决心:

"咖啡从什么时候开始变成美国的了?只不过他们营销做得好,商业又发达,才诞生了星巴克。没错!正是因为有麦当劳这样的大哥,才会出现星巴克这样的弟弟。我也做得到!"

很多人认为我们生存的这个世界太残忍。当鼓励他们要有梦想时,他们报以冷笑,声称在这个世界根本无法实现梦想。当鼓励他们奋起挑战时,他们却不战而败,说在这个既得利益者围起的高墙里,任何奋斗都是白费力气。最近在社会上,听到"危机""绝望"之类的单词是常态,听到"希望"这个单词是期望,听到"梦想"和"挑战"这样的单词简直就成了奢望。但是我却觉得,正因为世界太错综复杂,我们反而可以无畏地尝试挑战。所以,我才勇敢站出来挑战,希望以国际咖啡市场主角的身份屹立在咖啡宗主国——美国的正中央。

2011年5月10日上午11时,这是caffé bene历史上一个全新的转折

冲到最后一刻：
caffé bene领军韩国咖啡市场的秘密

点。此时，在首尔中谷洞caffé bene的大会议室里，召开了第一次纽约企划团会议。会议中我们下定决心：

"只带走caffé bene的品牌名、咖啡，还有设计。其余的全部都放下。我们要在美国重生，彻头彻尾地进行本土化。尤其是caffé bene在国内急速成长，外界却传言我们的咖啡不好喝。这一点我们绝不认可。"

caffé bene的咖啡，是从巴西专用农场引进最好的生豆，配置最传统的德国产烘焙机器，直接烘焙出来的。说这样的咖啡不好喝，这绝不是事实。

"我们必须从改变这种错误的偏见做起。我们就先从那些以嘴刁出名的纽约客人手，让他们先来认可我们的味道吧。"

会议气氛慢慢从悲壮变成了斗志昂扬。这次与会的纽约分店成员都是二十多岁的年轻人。让时任研发部本部长的金秀兰常务作为纽约特别小组组长，带领这些年轻成员进军美国，其实并非战略意义上的决定，而是不得已的选择。在颁布进军纽约的指令后，我也试图通过猎头公司寻找海外经验丰富的人才，但是没有合适的人选。具有海外业务经验者，大多偏重于IT领域。我们没能找到具有丰富海外经验的餐饮界高手。

我们从零开始做起纽约分店的准备工作，组员也全都是无海外从业经验者。但是，当纽约事业组于2011年6月到达纽约后，包括金秀兰本部长在内，所有的成员都不拿自己是新手当借口，而是生出一股出师必胜的坚定信念。他们首先在caffé bene入驻的同栋大楼里的皇冠假日酒店租赁了一间30多平方米的房间作为临时办公室，开始正式办公。接下来的10个月，他们徒步走遍了纽约大街小巷，站在竞争对手店前观察他们的菜品销售量。为了制作出纽约客喜欢的咖啡味道，他们做了无数次的实验和调试。2012年1月26日，caffé bene纽约1号店终于开张营业了。

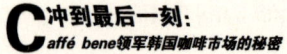

04 厢房文化和世界的对话

咖啡一直在变化。
我和caffé bene也讨厌"日复一日",
因此时刻努力跟上变化,
争取度过"日新月异的每一天"。

caffé bene现在已不再将服务当作额外投资费用了,
我们相信,服务就是收益。

关于咖啡的起源,大致有这样两种说法。第一种说法是咖啡来自埃塞俄比亚。在很久以前,埃塞俄比亚的一个牧羊少年,某一天目击了稀罕的光景——自己照看的羊群无缘无故发疯似的又蹦又跳,也不睡觉。少年被这突发的现象惊吓,他开始仔细观察羊群的行动,想找到原因。

结果他发现问题出在一种樱桃般红艳的果实上。羊群每次吃了这种果实，就会有这种奇怪的行动。好奇心驱使他摘下这种红色的果实，结果吃下去后，少年力气大增，浑身充满了力量。后来，少年将这种红色果实送给了附近的修道院。修道士将那个带来神秘力量的果实当作是恶魔的果实，全部都烧掉了。果实被烧着的同时，竟然散发出香气，修道士也为之入迷，拿起还没烧焦的果实吃下去，竟然整晚祈祷也不会犯困。就这样，咖啡果实被世人知晓，越过红海，来到阿拉伯半岛，在此开始了人工栽培。

第二种说法是阿拉伯半岛的伊斯兰教徒雪克·欧玛发现了咖啡。雪克·欧玛犯了罪，被流放到山林里。因为是被驱逐，雪克·欧玛没有准备食物，便被赶到山里。在他饥肠辘辘地在山里徘徊时，发现一只鸟正在啄食一种自己从未看到过的红色果实。鸟吃了都没有异常反应，可见这种果实能吃，于是雪克·欧玛便摘下果实填饱肚子。结果他发觉体内竟有一股力量向上翻腾。发现红色果实效能的雪克·欧玛，就摘了这个果实去为患者治病。最后，他也因为这个功劳获得了赦免。

这两种咖啡由来的说法，共同点都是咖啡栽培源自于阿拉伯半岛，还有就是吃过咖啡果实后，能够产生一股力量，赶走身体的困倦。这些传说中的咖啡起源和功能，和现在的咖啡文化有着相当大的差异。现在说到咖啡，很少能有人联想到阿拉伯，而且比起为了赶走困意而喝咖啡，现在更多的人是为了到有咖啡的空间里消费才想起咖啡。跨越了千年时间，咖啡的种类也变得更加丰富。从浓缩咖啡到拿

冲到最后一刻：
caffé bene领军韩国咖啡市场的秘密

铁，为了迎合不同人的口味，咖啡种类日益增多。从欧洲的露天咖啡座到caffé bene的厢房空间，咖啡的周边文化也在改变。咖啡一直在变化。我和caffé bene也讨厌"日复一日"，因此时刻努力跟上变化，争取度过"日新月异的每一天"。

纽约客对咖啡味道的要求和品味十分刁钻。聚集着世界各国人的曼哈顿即使再开放，也不会即刻接受来自首尔的陌生咖啡品牌。

"从与咖啡起源毫无关联的韩国来的咖啡……"

纽约客们的疑问被原封不动地搬上媒体。前来采访caffé bene的《纽约时报》记者也露出一副讶异的表情。那位记者问道：

"你们为什么会将海外第一站选在纽约呢？"

在他们眼里，这是很意外的举动。这就如同美国人制作了米酒、柿饼汁之后，拿到韩国首尔来销售一样。他对我们开美国分店的意图表示好奇。

其实，不论是我还是我们的员工，大家都认为能用手中的咖啡满足这些纽约客的浪漫。我们希望他们能从纽约式的繁忙生活中稍微留出一点闲暇时间，安心地喝杯咖啡，一改电视里的美国都会风格，而像欧洲人一样悠闲地享受当下，享受那种复古的氛围，这就是我们的愿望。

实际上，在欧洲，露天咖啡座和咖啡屋是很多文学和艺术的诞生地。我们希望在象征着繁忙现代都市生活的纽约，人们也能暂时忘掉工作的烦恼，享受欧洲露天咖啡座式的闲情逸致。我预想，只要我们能提供一个交谈的空间，必定会有更多的人慕名而来。

咖啡的味道，如今已很难实现太大的差异化了。就连国际化的大企业也很难找到改变生豆品质的方法。别忘了，生豆可以说是咖啡的根本。那通过烘焙手段的差异，是不是可以让咖啡味道有所变化？虽说炒生豆的机器不同会带来些许的味道差异，但大部分机器都是欧洲产的。即大家都在用德国或者意大利产的咖啡机器和烘焙机器来炒生豆、烘焙，然后销售。想到这里，我灵机一动，如果是这样，那么用厢房和露天咖啡座这种舒适的空间和格调来打造企业差异，反而会更有胜算。我要让咖啡向文化靠拢。在这种想法的驱使下，我才有勇气站在了咖啡大本营纽约的街头，开设自己的咖啡店。美国商业银行（Commerce Bank）的创始人弗农·希尔（Vernon Hill）曾说：

"为了得到更高的利息而开户的人，不超过3%。62%的顾客会被更好的服务和便利吸引，开设新的账户。如果其他银行都在围绕着这3%的顾客竞争，那我们就为这62%的顾客去努力。"

可以说，银行的本质都与钱相关。所以，利息就像是咖啡店的咖啡，是银行最根本的竞争力。但是在利息方面，每个银行都没有太大差异。这时，顾客更容易被银行给人带来的信任感和贴心服务吸引，即便这家银行比其他银行的利息低，顾客还是会主动找上门来。

在客户体验和服务竞争力高于产品本身的今天，美国商业银行采取的方针堪称各行各业都能效仿的模范。更何况，咖啡店还是代表性的服务行业。caffé bene将咖啡味道看作是基本要求，然后将胜负赌

冲到最后一刻：
caffé bene领军韩国咖啡市场的秘密

在了提供差异性空间的服务上。caffé bene现在已不再将服务当作额外投资费用了，我们相信，服务就是收益。

除了利用caffé bene的长处进行正面较量，我们还准备了一张王牌。因为是打着韩国本土咖啡品牌的旗号进军纽约，那绝对不能少了韩国的特色食物。韩国有很多传统的东西，韩国人爱喝的柿饼汁、米酒等饮料，拥有不逊于咖啡的长久历史。软柿子和柿饼怎么样？浮现在脑海里的食物越来越多。我突然想到了一样东西。

小时候母亲给我冲炒面茶喝，不仅能在炎热的夏天为我解渴，还能填饱肚子。这是用大米、大麦、大豆等做成的健康饮料，放在蜂蜜水或者糖水中冲泡着喝，便能赶走酷暑里的干渴。它的主要材料都是谷物，想必外国人也会喜欢喝。

"在纽约也卖炒面拿铁吧！"

当时在首尔，炒面已经用"五谷拿铁"的名字在销售了，顾客反响也很好。纽约的炒面拿铁，这就是我们最独特的王牌了。炒面拿铁在美国人中间也得到了很高的评价。关于炒面拿铁的英语名如何标记，还有一段小插曲。

在纽约卖场施工正进展得如火如荼的2011年秋天，我收到了一封特殊的汉江游览船演讲邀请。那是MBC电视台运营的学术研究会，主要是一些艺术家来听讲。这次会议由演员李顺载老先生主持，很多领域的名人来参加。我的演讲一结束，一位年过五旬的女艺术家就走了过来，就炒面拿铁提了很好的建议。

"纽约分店开张后,菜单上就用炒面的韩语发音标记吧。作为我们国家流传下来的固有名词,这样标记,不是能表现出对我们特有文化的自豪感吗?"

听到那位艺术家的话,我顿感惭愧。真不愧是艺术家,创造力就是出色。第二天,我就将这个建议通过电话传达给了纽约同事。

"五谷拿铁改为炒面拿铁。用英语字母将'炒面拿铁'这个韩语词的发音标记出来。"

电话那端,我们的纽约分队成员都在场。此外还有30多名将在店里工作的纽约人,正在店里学习caffé bene的菜单。纽约的金组长用韩语念出"炒面拿铁",然后请这些纽约人用英语标记了出来,还让他们试着说出来。这些纽约人念出来的发音听起来相当不错。就这样,炒面用"MISUGARU"的英语字母写出来,正式放进了菜单中。后来,我们将韩国菜单中的五谷拿铁也直接改为炒面拿铁。

在纽约的分店开张后,很多韩国留学生和侨胞都慕名而来。他们纷纷表示,光是看着caffé bene这个店名,就有说不出的感动。我明白,这是发自内心的对我们国家品牌的自豪感。尤其是看到炒面的英语标记,大家既兴奋又满足。在纽约的店里,每当顾客点单,吧台员工都会大声叫出菜单的名字。于是,店里随时能听到炒面的韩语名字,也能看到纽约土著陶醉在炒面拿铁中的样子。此时,我们的自豪感油然而生。

在纽约发生的炒面故事和韩国同胞的捧场,都传回了首尔总部。

冲到最后一刻：
caffé bene领军韩国咖啡市场的秘密

大家的眼睛都变得湿润了。首尔员工的反应都是这种程度了，可想而知纽约那边的情形了。据说，纽约员工们全部都哭了。之前付出的那些辛苦，都化成云烟飘走了，留下来的只是欣慰与感动。

首次与纽约客户打交道，那些被为难的瞬间、彷徨的瞬间，也全都在纽约客们真挚的称赞中变成了遥远的回忆。他们毫不吝啬地表达出自己的感情。

"之前总喝星巴克的咖啡，正觉得有些腻了呢，现在终于有新鲜的品牌进来，真好。"

"咖啡味道真棒。"

"店里的装修真漂亮。"

好评如潮，超过了大家的预期。尤其是他们将caffé bene和纽约的众多品牌相比较，最后选择了caffé bene，这让一直沉浸在不安与紧张中的我和员工们都高呼快哉。

caffé bene的厢房文化在纽约引起反响。每到夜晚，纽约的很多韩国留学生就来caffé bene店里捧场。而每天的下午，在美国的咖啡店也变得冷清的时候，caffé bene店里还是聚集了留学生。他们三三两两聚在一起，来支持引以为豪的自家品牌。韩国留学生们对caffé bene付出的爱，对我们来说，就是在陌生地域喜获的一份惠泽。而且，在看到留学生们坐在店里聊天、读书的样子后，被吸引前来的纽约人慢慢多起来，店里的业绩开始上升。

曾经被说成鲁莽蛮干的caffé bene纽约店，现在基本上座无虚席。纽约客也在慢慢接受陌生的厢房文化。的确，分秒必争的繁忙都市里，人们亟需这样的沟通空间来释放自我。所以，caffé bene雅致舒适的厢房在其他国家也会散发出同样的魅力，这一点我们确信不疑。

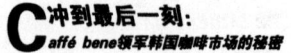

05 乘着韩流，进军中国

进军纽约，

成功跨出国际化品牌第一步的caffé bene，

如果能在备受世界瞩目的中国市场

打下一番天地，

将意味着我们

朝真正的国际化大品牌

迈出了很大的一步。

韩国是一个以出口为主的国家，汉江奇迹引起世界关注，也让我们韩国一跃成为创出国际一流品牌的经济强国。过去的电子、船舶、汽车等制造业争先涌现一批被世人认可的国际品牌。现在流通、食品、服务行业的品牌也跨出韩国的篱笆，瞄准世界舞台进发。

我在曼哈顿成功推出caffé bene之后，就将目标定在了大家都看好的中国。中国的茶文化历史久远，相比之下，现在对咖啡的需求并不是太大。但是反过来讲，这也意味着在中国有一片巨大的潜在市场。中国人对外国文化的接受速度越来越快。日益风行的韩流趋势，不只存在于韩剧和音乐中，对饮食和服务行业也有很大的影响。而中国人对韩国的品牌抱有很大的好感，所以大家都隐约觉得，中国市场的成功概率会比较大。

进军纽约，成功跨出国际化品牌第一步的caffé bene，如果能在备受世界瞩目的中国市场打下一番天地，将意味着我们朝真正的国际化大品牌迈出了很大的一步。"用3年的时间在中国各地开设分店，让中国的上空飘起caffé bene的咖啡香气。"2012年4月，我集合中国特派员，发表了声明。在caffé bene北京直营店开业的那天，还邀请了韩国明星张赫、韩艺瑟举办粉丝签名会。开业现场人头攒动，也引起了中国媒体的关注。

从2011年的数据来看，中国的人均咖啡消费是一人一年喝3杯咖啡。这与我们国家的312杯相比相差甚远，可见中国的咖啡消费空间非常高。在发现这种潜力后，caffé bene在中国寻找到了合作伙伴——北京中企投资集团有限公司。中企投资集团从事房地产、餐饮等业务，董事长陆长清先生年过五旬，是一位慷慨热情的企业家。在我前去北京进行首次事业访问的那天，大约在晚上10点到达酒店。没想到在那么晚的时间，陆董事长还在酒店等着我。酒店里的自助餐厅也未关门停业。不止如此，陆董事长当天也是刚从德国飞回国内，肯定

冲到最后一刻：
caffé bene领军韩国咖啡市场的秘密

十分疲劳，但他仍然很热情地接待了我，作为caffé bene的事业合伙人，陆长清董事长也投入了极大的热情来支持这项事业。他当下对我说道：

"明天的会议上，我们邀请了包括央视记者在内的记者团100多人，以及中国的明星和很多机构的负责人。"

他带着一脸惊讶的我来到酒店的活动现场。真不愧是五星级酒店的宴会厅，规模宏大，大约能容纳700来人，装修也富丽堂皇。中央舞台的两侧各安置了一个10平方米左右的迷你版caffé bene店面。在活动进行期间，将会有两对"恋人"分别坐在两侧，一边喝着咖啡，品尝华夫饼，一边亲密交谈。竟然是要再现真实咖啡馆的场景，这么细心别致的安排，让我心中无比感动。

在我动身去北京之前，听说他们已确定投资3000亿韩元，在中国各地开设直营店。当时我只是笑了下。

"3000亿韩元怎么会这么快就确定？但是……难道是真的？"

等我到中国见到了陆董事长，并亲耳听到这些消息时，我心里简直惭愧极了。同时，被陆董事长的信心和热情感染，我的血液也再度沸腾起来。

第一晚，我就在陆董事长带来的事业展望中度过。第二天，我心里紧张和期待参半，出发前往仪式现场。在北京望京福码店开业仪式进行期间，我接受了50多名韩国特派记者的采访。此次媒体对我们投注的目光，不亚于进军纽约之时，我心里感慨万分。我隐约觉得，他们已经认可了我，理解我进军海外的目的并不是只为挣钱。他们也认为，我在南美旅行中定下的餐饮国际化战略，也是将韩国文化向世界广而告之的重要举措。记者团也对韩国咖啡店进军纽约、进军中国给予了高度的评价。然后，在记者见面会将要结束时，一位媒体记者向我提问：

"金代表，如果在3年内做到中国第一，接下来您准备做什么呢？您的脚步是不是跑得太快了？现在您才四十多岁，如果这就把一切都做完了，等五十岁以后要做什么呢？"

这是与中国事业毫无关联的私人问题，所以当时我只是一笑而过。但等所有活动结束，坐上飞回首尔的飞机时，我脑子里一直思考着那个问题。

"是不是真的如那位记者所说，我走得太心急呢？10年后，我在做什么呢？"

这时，一个答案蹦上心头。有关我的现在和未来，结论只有一个：

"生存。正是为了10年后还能生存，我才向纽约、中国甚至是中东地区进军。"

速度可以调节，但是目标绝不会变。此外，要在3年后做到东南亚市场上最好的咖啡品牌，也不是不可能的事情。当然，现今世界上最大的咖啡品牌要比我们早诞生20多年，该公司的创始人也是咖啡业界传奇式的人物。在纽约时我就能感受到，他们不是"老"企业，对市场的灵敏度和行动力正如高速公路上奔驰的汽车。但是我也用不着

冲到最后一刻：
caffé bene领军韩国咖啡市场的秘密

怯场，我在纽约和中国取得的成绩，也不是靠别人施舍的，因此没必要灰心丧气。只要我能继续保持现在的状态，那么达成目标只是时间早晚的问题。

我将意志转化为行动力。不久后，菲律宾将开设caffé bene分店，而将在马尼拉建成的那两家caffé bene分店，也是我们成为亚洲市场第一品牌的垫脚石。另外，我们在日本、柬埔寨、马来西亚、印度尼西亚等地也签订了主专营权协议。从2013年开始，在东南亚的主要国家都能看得到caffé bene了。而且，我们在美国的事业也在迅速扩大，继纽约1号店之后，洛杉矶唐人街也开设了一家韩艺瑟女士经营的caffé bene店。此外，新泽西、达拉斯、曼哈顿等地，也都陆续有新的店面在建设中。

另外，为了更加稳固国际化品牌的地位，我们还准备进军中东市场。caffé bene打开先河，成为韩国第一个走进中东的咖啡品牌。我们已确定和沙特阿拉伯的KEDEN集团牵手，展开新一轮的挑战。目前，有着传统咖啡文化的中东地区，已经随着星巴克咖啡的入驻焕发出新的活力，咖啡市场正以迅猛的速度在成长。沙特阿拉伯的本土自有品牌"dr.CAFE"也正在迅速壮大。由此可见，那里又是一片充满活力的咖啡市场。

在中东地区，也掀起了一股韩流狂潮。据报道，中东地区对韩剧、K-POP等韩流文化以及"韩国制造"商品的反应都十分热烈。我相信他们对韩流之爱会对咖啡店的业绩带来很积极的影响。caffé bene凭借种类多样化的菜单、舒适高档的室内装修，定能像在韩国和纽约那样，再次营造出新的咖啡文化，成为中东人的"厢房"。

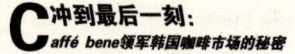

06 放眼未来，用工匠精神决胜负

black'smith的室内装修，
就是为了再现铁匠的工匠精神而打造的作品。

black'smith完全推翻了
既存意大利餐厅的游戏规则。

"金社长，这会不会太冒险？我很熟的一个大企业前不久也准备做意大利餐厅，后来放弃了。总之，意大利餐饮不是那么好做的项目。"

那是2011年1月的某一天，严寒肆虐，我约了咨询公司代表在凯悦酒店里商谈，于是便听到了他上面这一番话。对于这个新事业，不只是他，很多人都对我表达过类似的担忧。因为截至当时，韩国国内还没有成功做起意大利餐厅连锁店的先例。在这个领域，多是以大企业的直营店为主要营业模式。而且，它的加盟店投资费用根本和caffé bene加盟店不在一个等级，它需要非常巨额的投资作支撑。

　　caffé bene创业费用平均在5亿韩元左右，而我们筹备中的意大利西餐厅black'smith的创业费用将会超过10亿韩元。但我还是看好它的市场潜力。因为我相信，在这个领域不只是有创业者的需求，还有顾客们对高品质饮食的要求。在年收入达2万美元的时代，人们对意大利饮食的需求也在急速上涨。而且我认为我们当时的菜单竞争力、设计竞争力、营销竞争力也都比较成熟了。同时，还有足够的资金用来投资这个最重要的新规事业。caffé bene在2008年上市时还只是个中小企业，但是现在已经站稳，成为一个国际化品牌，有着足够强大的实力去给新发展的事业做后盾。

　　为了做好新规事业，我们展开了充分的事前准备工作。首先，整体设计交由罗长秀顾问全权负责。罗顾问是caffé bene纽约店的总设计师，而且负责现场的施工装修。他的资历很丰富，曾将迪巧克（De chocolate coffee）推上狎鸥亭罗德奥大街，并曾担任过迪巧克的代表。

　　black'smith的设计和现有的意大利西餐厅氛围截然不同。现在大多数的意大利餐厅都是主打优雅用餐氛围，但是在black'smith里，餐桌与餐桌之间的距离比较小，室内照明也比较昏暗，店里播放的是酷似美国小酒吧里那种嘈杂的音乐。这里革新性的设计和加盟店运营体系与以往的意大利餐厅实在是太悬殊了，完全没有可比性。

冲到最后一刻：
caffé bene领军韩国咖啡市场的秘密

店里用的每一套碗筷和每一张桌椅，都是出自black'smith自己的独特设计，是在外面的市面上找不到，只存在于black'smith里的。店里正中央设置的照明，就如同铁匠刚从火炉里夹出的铁块一样。为了打造这种照明效果，我们花了很长的时间去尝试。

black'smith的室内装修，就是为了再现铁匠的工匠精神而打造的作品。它是我们继caffé bene之后再次打造的一种全新文化。现有的意大利餐厅价格昂贵，氛围高档，同时也抬高了餐厅的门槛。black'smith完全推翻了这种游戏规则。

在江南1号店施工的同时，我们也联系到演员宋承宪进行面谈，就很多种营销和模特战略听取了他的意见。我们结合彼此的意见，最后定下了的结果就是"日本"。日本是亚洲做意大利餐厅做得最红火的国家，我们可以活用一下caffé bene的成功战略。

宋承宪建议说，像caffé bene攻占纽约一样，black'smith在国内成功推出后，应立即去进攻日本市场。他提出的建议非常有道理。于是，我们缩小范围，专门挑选在日本人气旺盛的韩流明星作为black'smith的形象代言人，最后选定了大名鼎鼎的朴有天、金泰熙和宋承宪。2011年10月，正式开始了平面拍摄。这时我就预感到了black'smith的成功。

black'smith江南店一开业，反响热烈。不论是味道还是装修设计，都得到了顾客们很高的评价。作为第一代言人的宋承宪来到我们的办公室，对black'smith的成功表示祝贺。

"我周围的人也经常谈到black'smith。大家都说江南店的气氛很好,味道也很赞。"

宋承宪先生到此,不仅仅是为了赞叹。他提出自己要投资在新沙洞林荫道前开设black'smith的加盟1号店。我本人也很喜欢宋承宪。凡是认识宋承宪的人,都会明白我为什么喜欢他。他是位不折不扣的大明星,但却为人谦逊,会为了粉丝尽心尽责。这样一位优秀的绅士要加盟black'smith,开办加盟1号店,我当然举双手欢迎。新沙洞的black'smith现在还是宋承宪先生在运营,国外也对此进行了报道,所以一到周末,那里就坐满了慕名而来的日本游客。

我在2010年中止了caffé siru,转而选择black'smith,心中并不后悔。从事餐饮行业,尤其是连锁事业,加盟店的成功是最基本的考量。新年聚餐时,全体员工都在欢呼,并做出新年承诺:我们要全力奋斗,让顾客获得更好的体验、享受black'smith的丰富菜品。

07 最高的品质如何造就？

这是由30人组成的品味团，
大家的热情极为高涨。
每月的品味聚会，
我也都亲自参加。
聚会上，大家会针对black'smith的
服务、味道、设计等各方面的问题展开讨论。

black'smith的主要菜品超过40种。汤品、沙拉、意大利面、牛排等，品种构成也很多样化。做了这么多年餐饮业，我比任何人都了解餐饮业的本质在于味道，也从未间断过打造味道研发体系的努力。若要说起开发味道体系的契机，就不得不谈谈我经常去的那家意大利餐厅了。

我经常去林荫道。不知从何时起，那里出现了各种各样参差不

齐的时尚品牌。我经常光顾的一家意大利餐饮店就在那里。某一天，我发现那儿的味道有了些微变化。于是，我便叫来饭店老板，询问理由。他的答案让我感到很意外。

"啊，是这样的。我们的主厨昨晚喝醉了，今天没来上班。今天由其他师傅掌勺，所以味道有些变化吧。"

意大利的食物和韩餐比较相似，都十分重视手艺。意大利面多煮1分钟还是少煮1分钟，味道会有天壤之别。只有精通煎锅的火候，才能真正做出正宗的意大利味道。一般人可能不知道，要想随心所欲地掌控火候，至少需要5年以上的厨房经验才做得到。

我意识到，black'smith也像那个餐厅一样，随时可能发生这种味道隐患。为了解决这个问题，我开始拜访很多专家。这时，我认识了赵宇贤顾问。赵宇贤顾问在国际料理大赛中取得过意大利料理的大奖，是位真正的实力派高手。

赵宇贤厨师在准备参加世界大赛时，韩国有名的特级酒店主厨们都聚在了一起。他们都是自行组队，然后参加比赛，所以自信心也都很强。我先是说服了他来做black'smith的顾问，然后，赵顾问和我携手展开了主厨培养这项计划。

"先将行业经验在5年以上的应聘者，由我直接面试、选拔，可以吗？"赵宇贤顾问说道。

"好，当然可以。"

我和赵顾问十分默契。我们还共同做出了一个重要决定，那就是

black'smith加盟店的主厨都由总部的员工组成。此外，主厨以轮岗的形式，在一个店铺工作一年后，进行随机调换。每个月都对厨艺进行考核，通过盲测的方法挑出味道较差的店铺，当场更换主厨。也就是说由公司总部管理厨房系统。我和赵顾问制定出和烹饪相关的体系之后，两人都顿感兴奋。

"没错！如果是总部的员工，就能彻底地遵守配方了。"

"也不会为了控制成本而变更材料了。"

"而且只要我掌握了最重要的人事大权，那么black'smith厨房里就都是总部员工了。"

这样理顺之后，我突然产生一种加盟店和总部合为一体的强烈感觉。体系整理完毕后，我们马上投入到准备工作中。在首尔的广津区中谷洞准备了大型的教育场地，然后制定了公司方针。所有加盟店都将执行"厨师由总部员工担当"的业务标准。这项标准相当严格。在二线城市开设一家black'smith加盟店的时候，加盟商代表说自己认识一位意大利厨师，能否允许他雇用这位厨师。

"很抱歉，我们不能那样做。这件事没有例外。"

与这个体系相关的事情，任何加盟店都不得有例外。换句话说，black'smith以绝对直营店的形式来管理加盟店的厨房运营。当然，相关的费用也都由总部承担，为此我们投入了一笔不少的费用。但是餐饮业的本质就是味道，这样的投资是必要的。为了保证优质的味道，black'smith的100多名厨师，一直在各个店铺里努力着。

black'smith还组建了一个味道评价团。这是由30人组成的品味团，大家的热情极为高涨。每月的品味聚会，我也都亲自参加。聚会上，大家会针对black'smith的服务、味道、设计等各方面的问题展开讨论，也会分享一些现场访问时发现的问题。也许是因为这是正规的评价团，所以大家的使命感很强，绝对知无不言、言无不尽。

一位团员控诉道，自己带母亲到black'smith江南驿店访问，在等待排号的过程中，店里的职员不小心错过了他们的序号，却不肯道歉。虽然我这个代表理事就坐在面前，他还是直言不讳地提出来这个问题。就像这样，所有的团员都会谈论black'smith各个分店的优缺点。我听着大家的发言，有时候会因一些有趣的事情备感愉悦，有时候也会为店里不周的服务感到惭愧。但是我很享受那段讨论的时间，因为我可以趁机发现black'smith潜在的问题，及时进行改善。

在一次味道评价团会议上，一位团员提议开发海带汤意大利面。要知道，多样化的菜单是不输于味道的一个重要竞争力因素。那个团员说道，过生日时可以在家里喝海带汤，跟朋友一起出去庆祝时，若是也能喝到，感觉应该也很棒。海带汤意大利面，这个菜名多少有些生硬，但是我却拍案叫绝，当下叫来研发组组长，指示他尽快开发出这道菜品。6个月的研发期一到，新品海带汤意大利面问世了，顾客们的反应很热烈。

"真的好神奇。""味道也不腻，爽口清淡，海带汤和意大利面还真是很搭配。"

海带汤意大利面是为过生日的顾客提供的特别菜品。black'smith在提供这道菜品的同时,还会附赠庆生演出,这让顾客十分感动。在black'smith餐厅里过生日的顾客,都会享受到我们提供的一束玫瑰花或者一块蛋糕,餐桌上还会摆上大型的欧式烛台,银色的桌子上亮起烛火,营造出一种浪漫的气氛。

我过生日的时候,也在狎鸥亭店里举办了生日聚会。虽然大家不像家族餐厅那样热闹地高唱生日歌,但是这里的气氛仍足以让我感觉自己是世界的主角。摇曳的蜡烛、海带汤意大利面,还有以气派的餐桌美食做背景的照片抓拍,心情真是好到了极点。

当顾客对庆生服务和海带汤意大利面的热情愈发高涨时,我们对这个菜品申请了专利。当专利证书拿到手后,我又开始了无尽的想象。

"现在才是刚刚开始。将来black'smith肯定会诞生更多的新菜品。我们发明出自己的味道、自己的菜品,让顾客赞不绝口!真棒,不愧是caffé bene!"

08 我是播撒希望的人

多么振奋人心的想象啊!

咖啡就是"种子"。
我想成为像咖啡一样的人。

我想像咖啡那样,
散发出深邃浓郁的口感和香气。

我更想在人们的心中
种下"梦想"这粒珍贵的种子。

我想成为像咖啡一样的人。我想像咖啡那样,散发出深邃浓郁的口感和香气。我想在人们忧郁或者寂寞时,快乐或者兴奋时,总是最先被想起来。我更想在人们的心中种下"梦想"这粒珍贵的种子。

冲到最后一刻：
Caffé bene领军韩国咖啡市场的秘密

我们经常说到的咖啡，指的不是果实部分，而是"种子"。咖啡果实叫作"咖啡樱桃（cherry）"。当它的颜色变成接近血色的黑红色时，果实就是熟透的。咖啡樱桃里的两粒"种子"就是咖啡的材料"生豆"。犹如生命根源的"种子"，最后变成咖啡。所以，我想成为像咖啡一样的人。

"你的一句话，和别人说的一句话分量不同。"

这是母亲对我做的评价。那天母亲找到我，让我抽空去看看正经受苦难的外甥，说点有用的话鼓励一下他。我向来秉承"百善孝为先"的理念，认为孝道的根本就是让父母安心。所以，母亲的话，我一概听从。但是那天我手头上有堆积的事情急着处理。我对母亲说，最近有很多业务上的约见，我得减少一些不必要的约会。我用这个作为理由，想将这次见面向后推延。母亲听了我的回答，用83岁老人很难做到的高嗓门对我说道：

"善权你成功了就变傲慢了啊。外甥想见一见你，你还没时间？竟然拿忙当理由拒绝他？"

听到母亲的吼声，我才发现自己的错误。

"母亲，我想得短浅了。我马上就去看他。"

看我即刻打起精神，做了反省，母亲低声地教诲我：

"善权啊，你一句话的力量和别人不同。你去说一句，外甥才能安心地好好生活啊。"

母亲的话带给我不小的震撼。我这时才知道我说出的话会对某个人造成影响，也再次深刻体会到，说话时一定要时刻保持谦逊。

母亲之所以这么说，肯定不只是因为我做到了同龄人没做到的事。我是真正从一无所有的最底层出发，爬到今天的这个位置的。在这个过程中，我经历过失败，也将失败作为成功的垫脚石，继续去挑战。我也为了不让别人因我而流泪，时刻观察着四周，坚持做着不昧良心的事业。正因为母亲从旁见证了我的一切，才觉得我能够成为别人的精神导师。

我其实并不喜欢在人们面前站着演讲。一方面是因为我自己的时间本来就很紧张，更重要的是我知道自己有很多不足，没有资格站在别人面前去传授东西。可即便如此，必须做的事情我一定会做，哪怕是硬挤出时间，哪怕是又一场讲座。如果我真能对他们的梦想和希望提供那么一丁点的帮助，这也是有价值的。尤其是那些青年们，我希望他们通过我的事例获得勇气和信心，立志像我一样取得同样的成就。毕竟，像我这样的乡村小子都做到了，那条件比我优越的他们就更没有理由做不到了。

我能成为连锁事业企业家，能取得caffé bene今日的辉煌，这中间要多谢很多人的帮助。他们给我指路，信任我，支持我。如果没有他们的话，我就站不到这里。还有很多不曾谋面的人在背后给予我支持和掌声，我才能没日没夜地在这条道上赶路。农村出来的孩子在首尔站住脚跟，这真不是容易的事情。尤其是要做事业的人，人脉十分重要，可我除了家人基本没有交际圈。于是，我四处奔走，慢慢织出

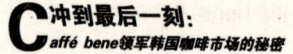

冲到最后一刻：
Caffé bene领军韩国咖啡市场的秘密

一个交际网络。

当时我还住在东豆川时，我直接找到东豆川的青年会议所。本来那个地方是要通过两名会员的推荐，再经理事会的许可后，才能加入成为会员的。而且青年会议所里大都是那个地区的成功人士，他们的自尊心和身份感非常强。可某一天突然有个搞不清状况的农村青年登门造访，要求入会，他们脸上惊讶的表情可想而知。

话说"剑已出鞘，决不空回"。我没有在那种氛围下屈服，我说明了自己来到这里的理由。虽然我也希望能结识到好的人脉，但是更重要的是，我想跟他们学习一些创业的基本技能和秘诀。而且，他们聚在一起的目的是为了奖励创造性的挑战，为这片地区的人们做些实事，这一点我也非常喜欢。

当我讲述完自己的真实想法、事业目标和抱负之后，他们对我刮目相看了。我也荣幸地得到几位成功人士的推荐，顺利加入到那个聚会中，并得到了各种帮助。尤其是其中一位朋友，在我后来准备青少年游戏厅连锁事业时同我一起做调查，交流意见，给了我很大的帮助。

真要将那些帮助过我的人一一列举出来，真的可以写成一本书。一穷二白的农村年轻人要凭一己之力爬到现在这个位置，真的不是易事。最后，还是得依靠别人的帮助。可能是我母亲殷切的祈祷，可能是陌生人的援助，也可能是我小时候读过的白手起家的伟人们的名言，它们变成星星，挂在高空为我指路，不管是以什么方式，我都是受到了他人的恩惠。我想，要想报答这份恩惠，我也得成为某个人的光，成为某个人的种子。

caffé bene在韩国成功超越星巴克后，外界舆论都在强调"本土品牌"，对我毫不吝惜称赞和激励的话语。何止如此。caffé bene进军纽约后，韩国留学生和那儿的侨胞通过Twitter之类的社交网络，发表了很多对caffé bene的祝福和支持。对我来讲，那时候他们说出的每一句激励，都如同声援"太极战士"（指韩国国家足球队。——译者注）的"红魔"们（指韩国足球队的啦啦队。——译者注）高亢的呼声一样。那是我永远都忘不掉的声音。

得到的东西终究要还回去。若得滴水之恩，更当以涌泉相报。《塔木德》中有一段故事，一位老人在家附近的小山丘上种植树苗，过往的人们都惊讶地问：

"老人家，这树苗什么时候能结果？"

"过个70年大约就会结果了吧。"

"您觉得自己能活到那个时候吗？"

"在我小时候，这里就有很多结了果实的树。那肯定是在我出生之前有人种下的。我只是想把自己得到的东西再还回去而已。"

不依靠别人的帮助，就不可能取得成功。我们都是以前人创造好的各种经济背景、社会环境做根基，依靠伙伴们的支持和援助，才取得最后成功的。所以，我们也有义务成为伙伴们的啦啦队，我们也要为了让后代更轻松地实现梦想，提前为他们打造一个更好的平台。

冲到最后一刻：
caffé bene领军韩国咖啡市场的秘密

  我希望年轻人透过我找到更远大的梦想，然后踏着我先走出的那条路，找到属于他们自己的更大舞台，实现自己的梦想。就像检察官世家、医生世家所享受的某种惠泽一样，我希望我自己能成为青年人的先驱，成为赠予他们那种惠泽的人。尤其是梦想成为企业家的青年人，我更希望他们通过caffé bene，做个更宏伟的跨国公司之梦。麦当劳做到了，星巴克也做到了，caffé bene没有理由做不到。如果caffé bene做到了，那任何人都能做到。

  我的终极愿望是给那些努力奋斗的年轻人送去希望。但愿望都是些无形的东西，我必须转化成行动。所以，我时刻都在思索当下能和大家分享的东西，想到后即刻付诸实践。从2012年下半年开始，我要实施全新的员工公开招聘制度。我准备将全部员工都送到海外研修。我经营caffé bene至今，最遗憾的就是缺少国际化人才。

  caffé bene公开招募的第1期新员工，会到海外体验当地的文化和传统、学习国外的语言，然后回国。我会选拔他们中间的出色人才，安置到公司的重要岗位。我给他们铺好了路，只要他们愿意在这条路上尽情发挥才干，不断学习、不断精进，这样就可以了。为了让他们的梦想成真，caffé bene已经做好了准备。

容易抓住事情的本质，哪怕是我自己手中的工作。有时，我会为外出讲演或者各种活动的穿着和皮肤问题感到头疼，妻子便会一针见血地对我说：

"想一想你工作的本质吧。随时观察咖啡市场的变化，然后提前做好应对措施，没错吧？你要参加的演讲和外部活动也基本都是围绕着咖啡的，现在还觉得衣服和皮肤那么重要吗？"

名义上我可是咖啡连锁店的社长，听到妻子的这番话，简直无地自容了。而我的大儿子更是技高一筹。

"爸爸！如果你每天都在看演讲稿，工作什么时候做呢？而且你那么频繁地做演讲，到现在还没有背下来吗？爸爸的IQ（智商）到底是多少啊？"

大儿子甚至开始讽刺我的IQ了。我虽然跟他说着"那你试试看"，心底却有些惆怅。从前一门心思朝前跑，现在却感觉到记忆力不如从前，体力也在一天天下降。但是，妻子和儿子的数落我并不感到厌烦。

每次听到家人发自内心的提醒或指责，我就赶紧打开钱包，看一看里面放着的纸条。那张纸条上写着我出生的日子，和我预测的死亡日期。之所以写下预测的死亡日，就是为了警醒自己，不要陷入贪念之中。你挣再多的钱，也无法带进坟墓去。为了自己和家人而努力生活，这才是最有价值的事情。

每当我的思想要偏离轨道时，就会想想家人的话，然后打开钱包，调整自己。因为只要一翻开钱包，就能看到那张纸条，所以我几乎每天都在自我鞭策，自我暗示，告诉自己不能有贪欲，不能忘掉本质。

贪欲是走向破灭的捷径。我也经常告诫员工要远离贪欲。那是一次组长级别的恳谈会，我和来自不同部门的10余名员工一起在餐厅聊天。一个员工突然问道：

"代表！我很好奇您的钱包里现在有多少钱。"

看来他潜意识里认为，作为caffé bene的代表理事，我的钱包应该会很厚实。但是那天我的钱包里只有5万韩元。

"5万韩元。外加一张卡。"

"怎么可能呢？您的钱包里怎么可能只有5万韩元呢……"

看着这些半信半疑的员工，我聊了聊自己对金钱的看法。

"同志们，代表理事不是富翁。我现在还为下周要送来的信用卡对账单犯愁呢。虽然我也拿工资，但是最近车辆的分期付款让我感到很有压力。现在公司在节俭开支，所以公司的公用车辆，我都是以个人的名义分期付款购买的。"

他们都吃惊地看着我。创业或者做领导，这是所有职场人的梦想。但是现在公司的代表理事却说起车辆分期付款、信用卡还款的事，这让他们很难接受。

"当然，公司的高管也反对说没有必要这样做，但是我也不能为此减少公司的营销和新规事业的预算啊。我只做自己当下能够承受得了的事情。而且我也考虑等将来公司赢利赚钱了,再将这些车变更为公司的业务车辆,所以才下定决心先自己掏腰包的。我就是为了那些信任我的股东和员工,才加入到节俭费用、实现收益最大化的计划里,将业务车辆以个人的名义先购买了。另外,即便公司运营得好,那些收益也绝对不是代表理事自己的钱财。公司大了,投资费用就会增加,所以还要给未来留出准备金。"

钱包里只有5万韩元的代表理事,为公司减轻财务负担的代表理事……员工们可能还没办法一下子接受,但是我的家人却一直理解我。和钱包的厚度无关,和公司的大小无关,我的家人一直都在用真心支持着我。

只要想到放弃大好周末,跟我一起视察店铺的妻子,还有泰勋、泰强、泰熙三个儿子,不管遇到什么辛苦的事情,我都不会轻易放弃。

还有,将我养大成人,矢志不渝地信任我、守护我的母亲,您是我人生中最大的福分。